अपनी जमीं अपना आसमां

अपनी जमीं अपना आसमां

रजनी तिलक

ईशा ज्ञानदीप
दिल्ली-110088

ईशा ज्ञानदीप
ए.डी. 77ए., शालीमार बाग
नई दिल्ली- 110088

मूल्य : ₹ 350
प्रथम संस्करण : 2017
ISBN : 978-93-82543-84-8

नीलम मिश्रा द्वारा **ईशा ज्ञानदीप**, ए.डी.-77 ए., शालीमार बाग,
नई दिल्ली- 110088 से प्रकाशित तथा ओम आफसेट, जगतपुरी
शाहदरा, दिल्ली- 110093 में मुद्रित

भाईजी और भाभी को
जिनके अथक परिश्रम से
हमारा जीवन बदला

भूमिका

'आत्मकथा' यदि अपनी आत्म की कथा लिखना एक चुनौती भरा शब्द है। आत्मा हमारे अंदर कहाँ वास करती है? ये सवाल मैंने अपनी युवा अवस्था में अपनी छोटी बहन पुष्पा भारती से किया था क्योंकि उसके सर पर कथित दुर्गा मां आती थी। मैं उससे पूछती थी पुष्पा तुम्हारी आत्मा उस समय कहाँ होती है?

आत्मा और शरीर के बारे में हिन्दूधर्म के दर्शन के अनुसार शरीर नश्वर है आत्मा अमर। आत्मा अजर अमर है इसलिये मैं अपने इस कथन को स्वकथन कहूँगी क्योंकि मेरा अबोध शरीर भी अबोध चेतना के साथ-साथ विकसित हो रहा था। मेरे मन पर समाज के बाहरी आवरण रीति-रिवाज, परम्पराएं गतिविधियां तीज-त्यौहार मुझ पर अपना निरन्तर प्रभाव छोड़ते थे। परन्तु विचारों की दुनिया सम्पर्क में आने से मेरी चेतना मुझसे खुद सवाल करती रही और मेरा मन सहजता से मुझे उस ओर से विमुख होने की प्रेरणा देता रहा।

समाज में व्याप्त अंधविश्वास, मिथ्याविश्वास, अनाचार, अन्याय, असमानता, भेदभावों की परतें हमारे जीवन से होकर गुजरती हैं, हम उससे रूबरू होते हैं। कभी-कभी हम उसके लिए औजार की तरह इस्तेमाल होते हैं क्योंकि हमारे आस-पास सब उसी तरह के अभ्यास होते हैं जिनसे खुद को बचाना भी एक कठोर संघर्ष होता है।

अपने जीवन के बारे में लिखना जोखिम भरा काम है। स्वकथन लिखने से परिवार की निजता भंग होती है। महिलाओं के मामलों में परिवार के पितृसत्ता की परतें उघड़ती जाती हैं। आखिर मैं क्यूं अपनी स्वकथा लिखूं? मैं हूं क्या? मेरी औकात क्या है, कि लोग मुझे पढ़ें, इस सवालों से में एक दशक से जूझ रही थी।

दलित साहित्य में स्त्री-विमर्श की सामग्री की भरपूर जरूरत है। साहित्य सिर्फ स्लेबस तक पहूंचाने तक सीमित न होकर, अनुभवों की सीख पर विश्लेषण

व सुधार के दृष्टिकोण एवं भविष्य के समाज की रूपरेखा बनाता है।

हमारे दलित साहित्य में स्त्रीवादी नजरिये को समझने की बेहद जरूरत है जिसे हमें अपनी कहानियों में, कविताओं में, व्यंग्य, नाटक, शोध व लेखों में पुनर्पाठ करके इसे खंगालना चाहिए।

अपने बीते बचपन के अनुभवों को आज भी मैं अपने आसपास बिखरे समाज में हर दिन महसूस करती हूं शायद यही कारण है मैं आज जहां खड़ी हूं, वहां से नीचे उतर कर अपने समाज के साथ वापस अपने अनुभवों को साथ करके उनके साथ एकाकार होना चाहती हूं। आज इस दुनिया में हजारों रज्जो अपनी जमीन ढूंढ़ रही हैं, हजारों आसमान में उड़ना चाहती हैं। ये जमीन ये आसमान हमारा भी है। जीवन में आगे बढ़ने का दम हममें भी है। हममें त्याग है, क्षमता है, प्रतिबद्धता है और है जिजीविषा, दुनिया बदलने की! डॉ. अम्बेडकर ने भारत में लोकतंत्र का खम्बा स्थापित किया, एक लोकतांत्रिक संविधान दिया। संविधान ने जाति-वर्ग, रंग-रूप के भेदों को मिटा कर सबको समता, समानता अनुकूल अवसर दिये इसके बावजूद हमारे परिवार लोकतांत्रिक व्यवस्था से बहुत दूर है। उन पर सामांतशाही व्यवहार हावी है। इस व्यवस्था की नींव वर्णव्यवस्था और धार्मिक गुलामी को पुख्ता करती है। गुलामी की बेड़ियां सिर्फ शरीर पर नहीं हमारी चेतना पर भी ठुकी हैं। इन्हें तोड़ने के लिये सिर्फ कुछ महिलायें काफी नहीं, पुरुषों को बराबरी में आना होगा। उन्हें अपनी सुविधायें छोड़ कर अपनी समझ बदलनी होगी, शारीरिक श्रम भी करना होगा। सही मायने में घरेलू कामों को आदर देना होगा।

शोध छात्र एवं छात्राओं की मांग ने मुझे स्वकथन लिखने को विवश किया तो मित्रों में वेदप्रकाश, शेखर पवार, भाई अशोक भारती, मेरी बेटी ज्योत्सना, अनीता, गुजराती, कर्दम, नैमिशराय, अनीता-राजीव, कुसुम वियोगी, वी. कृष्णा, छाया खोब्रागड़े, कुमुद पावड़े, सुशीला टाकभौरे ने बराबर याद दिला-दिला कर लिखने हेतु प्रेरित किया। धन्यवाद मित्रो, मैं आपकी प्रेरणा से बचपन से शादी तक सफर आपको सांझा कर रही हूं।

–रजनी तिलक

अनुक्रम

उगता हुआ सूरज

जाति की पहचान भारतीय समाज में पिस्सू की तरह चिपकी हुई है। भारत के किसी भी कोने में चले जाओ, यह पहचान साये की तरह आपसे चिपकी रहती है। आपकी पहचान जन्मगत जाति से होती है। जन्म से मिली जाति आपको विरासत में देती है– आपका पेशा। कोई भी बच्चा जिस जाति और जिस परिवार में पैदा होता है, उसी पारिवारिक पेशे के अनुरूप ही वह ढल जाता है। अंततः पारिवारिक पेशा ही उसका भविष्य बन जाता है।

औरत होने के मामले में भी बिल्कुल ठीक वैसा ही होता है। लड़की होने की भी एक पारम्परिक विरासत है, जो उसे देती है जन्मजात पेशा घरेलू काम जिसे वो जन्म से ही आत्मसात करती है। जैसे बर्तन सफाई, कपड़े धोना, झाड़ू-पोछा या खाना बनाना, घरेलू कामों के साथ घर की देखभाल करना। सच्चाई यह है कि देश समाज और घर, जाति और लिंग के कारण तय होती है उसकी सामाजिक हैसियत।

एक दलित गरीब बच्चे का सुबह उठते ही घर में फाकों से सामना होता है। पिता का उदासीन व्यवहार और मां की अनुपस्थिति में सूनी पड़ी रसोई वह देखता है। अव्वल तो वह स्कूल जाता ही नहीं, यदि चला भी जाये तो सरकारी स्कूलों के आतंक से जान छुड़ाकर गलियों का साथी बन जाता है। एक दलित लड़की पैदा होते ही मां-बाप के श्रम की भागीदार हो जाती है। घर के काम में मां के साथ जुट जाती है और अपने छोटे बहन-भाइयों का ख्याल रखती है। अगर वह मजदूर की बेटी है, गरीब है तो वह समाज के लिए 'वस्तु' बन तृप्ति का माध्यम और 'साधन' बन जाना दोनों कृत्य ही उसके लिए ढांचागत स्वीकृति लिये हुए हैं। समाज में इस बर्बर कृत्य के विरुद्ध न ही कोई सवाल कल था न आज है। न ही कोई उलाहना, न कोई असंतोष। हमारे समाज के इस ढांचागत व्यवहार को न केवल स्वीकृति मिली है बल्कि इसे क्रमबद्ध लागू किया गया है।

यही जन्मगत श्रम का बंटवारा जाति और लिंग, मान्यता प्राप्त लिये हुए हैं।

परम्परावादी समाज की अंतिम सीढ़ी पर बैठा अछूत समाज का क्रमबद्ध जातीय हिंसा दबावों में जीते रहना सहज क्यों हो गया? हमारे दादा, भाईजी (पिता), मेरे नाना-नानी, मेरे चाचा और हमारे आस-पास बिखरे-उजड़े हुए लोग उच्च जातियों द्वारा सताये हमारी बिरादरी के लोगों की जिंदगी में झांककर इस उजड़न को देखा जा सकता है। मैं भी ऐसे ही एक जाति हिंसा के शिकार परिवार के मरुस्थल की कैक्टस हूं, जिन्होंने जातीय अत्याचारों और बहिष्कार को झेला है। हम सब ऐसे कांटों भरे समाज में पैदा हुए जहां तमाम देवी-देवताओं की पूजा-अर्चना के बावजूद भी हमारे जीवन में कष्ट, गरीबी, छुआछूत, उत्पीड़न व हिंसा, आतंक से हमारे दुखों को निजात नहीं मिली।

मेरा जन्म पुरानी दिल्ली की मछलीवालान के एक बस्ती में हुआ। मैं अपने माता-पिता की छठी संतान थी। मुझसे पूर्व मेरे से बड़े तीन बहन-भाई गरीबी से उपजी अस्वस्थता एवं कुपोषण के कारण अकाल मृत्यु को प्राप्त हो चुके थे। चौथे नम्बर का भाई मनोहर और पांचवें नम्बर का भाई अनिल और मैं उसके बाद छठी संतान थी। मेरे बाद एक और भाई पैदा हुआ जिसका नाम अशोक, उसके बाद दो बहनें पुष्पा और अनीता, दो भाई संजय, मनोज और पैदा हुए। जिस समय हम पुरानी दिल्ली से सीलमपुर शिफ्ट हुए थे तब हम चार बहन-भाई ही बाबा (दादाजी), भाभी (मां) और भाईजी (पिता) के साथ आये थे। हम उनकी आंखों के नूर थे। कोई भी जाति या गरीबी अपने बच्चों को आंखों के तारे बनने से नहीं रोकती। हमारी बस्ती क्योंकि पूरी ही दलितों की बस्ती यानी जाटवों का मोहल्ला था। अतः आपसी भेदभाव, खान-पान का कोई भेदभाव उनमें आपस में नहीं था। परन्तु बस्ती से बाहर निकलते ही छुआछूत से उपजे भेदभावों के थपेड़ों की मार खाकर जब बस्ती के मर्द लोग वापस शाम को लौटते तो वे अपमान, निराशा और कुंठा से भरे हुए होते। सताये हुए इन लोगों का नशा ही उनका मनोबल बढ़ाता। एक प्याली शराब पीकर वे मैमने से शेर हो जाते। हमारे पिताजी फैशन डिजाइनर (ब्रा एवं टाइयों) के कटर मास्टर थे, लेकिन कहलाये दर्जी ही जाते थे। हम अपने पिता को भाईजी और मां को भाभी कहते थे। भाईजी ने अपने जीवन में बहुत संघर्ष किया, और बेहिसाब नशा भी किया। वे अपने समय के अपने समाज के एक तरह से नायक थे, बाबा उन्हें दिलवा कहते थे। भाईजी ने अपनी कठोर मेहनत से जाटवों में अपनी एक पहचान बनायी थी और उन्होंने सम्मान भी खूब पाया। उन्होंने अपने जैसे वंचित, दुखी दलित, मुस्लिम

नौजवानों को हिम्मत, हौंसला देकर अपनी तरह उन्हें पांव पर खड़ा किया। हमारे बाबा दिल्ली में घास के ठेके लेते थे। आजादी की मार-काट के समय वे अपने दो किशोर बेटों एवं एक बूढ़ी मां के साथ मछलीवालान में ही रह रहे थे।

'मछलीवालान' जामा मस्जिद के सामने, जगत सिनेमा के पीछे एक मुस्लिम लैंडलार्ड की बसायी बस्ती थी, जिसमें बीसियों घर चमारों के थे। उन बीस परिवारों हेतु एक सामूहिक शौचालय था और बीचोंबीच एक नल लगा हुआ था। वहां उसमें चारों तरफ सीमेंट की एक फुट की चारदीवारी की हुई थी, जिसे होदी कहा जाता था। हर घर में पीने का पानी वहीं से भरा जाता था। कपड़े भी सब घर की औरतें इकट्ठे होकर वहीं बैठकर धोती थीं। आदमी लोग सुबह-सुबह वहीं बैठकर नहाते थे। हमारी बस्ती हाते की तरह यू शेप में बनी हुई थी। उस बस्ती का प्रत्येक घर से घर, दरवाजे से दरवाजा सटा हुआ था और दीवार से दीवार सटी थी। इस तरह के घरों में कोई प्राइवेसी नहीं होती थी। एक घर की लड़ाई दूसरे घर में तो क्या पूरे मोहल्ले में स्पष्ट सुनाई देती थी। मियां-बीवी के प्यार के इजहार भरे वार्तालाप भी सुनाई देते जिन्हें सुनकर अगले दिन प्रौढ़ औरतें हाते में बैठकर खूब चटकारे लेतीं। ये बूढ़ी औरतें बहू-बेटियों की खबर लेने में हमेशा आगे-आगे रहतीं। स्त्रियोचित बीमारी या समस्याएं जैसे प्रसव या जनानी बीमारियों को वे सलाह-मशविरा करके आपस में सुलझा लेतीं। किसी भी बहू का प्रसव कराना हो, नवजात शिशु के शरीर की मालिश करना जैसे काम उनके प्रिय काम होते। जच्चा के शरीर पर गर्म पानी की धार लगाकर उनकी सिंकाई और नहलाई करना या बच्चों को नहलाना, उन्हें आशीष देने में भी वे पीछे नहीं रहती थीं। जवान बहुओं द्वारा, बड़ी-बूढ़ी औरतों के साथ हंसी-मजाक करना, उनके सिरों की मालिश करना तथा उनके सिरों से जूं निकालना हमारी बस्ती की बहुओं की रंगत थी। आपस में मनमुटाव हो जाने पर ये औरतें एक-दूसरे का घाघरा फाड़ने से लेकर एक-दूसरे की बेटियों को एक-दूसरे के मर्दों से बलात्कार करवाने की गाली से नवाजने में भी पीछे न थीं। इस तरह से शांति में खलल भी इन बस्तियों में विकट संत्रास था जो इनके पिछड़ेपन का प्रतीक था तो विकृत मनों की दास्तान भी थी। इनके इस आचरण में यौन-कुंठाओं और पितृसत्तात्मक व्यवहारों को स्पष्ट देखा जा सकता था।

भाभी ने अक्सर कई बार जिक्र किया कि जब तू पैदा हुई तो परिवार का वातावरण प्रतिकूल था। घर में गरीबी की दस्तक थी, निराशा थी यहां तक कि भाईजी का काम भी मंदा था। ऐसे ही अनुकूल-प्रतिकूल वातावरण में जब मेरा

जन्म हुआ, तब मुझसे चार साल बड़ा भाई मनोहर और उसमें दो साल छोटा भाई अनिल मौजूद था। ये दोनों गोरे व हृष्ट-पुष्ट थे। मेरे जन्म लेने के बाद भी अनिल मां का दूध पीता था। मां का दूध छुड़ाने के प्रयास के कारण वह चिड़चिड़ा हो गया। वह इस बात से इतना दुखी था कि मेरे साथ द्वेष करने लगा। जैसा कि भाभी (हम सब बहन-भाई, मां को भाभी कहते थे) बताती थी कि अक्सर सबकी निगाह बचाकर अनिल मुझे पीट देता था और खाट से नीचे गिरा देता था। इन हालातों में हमारे पड़ोसी दादा मंगल और उनकी पत्नी भोथी दादी ने मेरी देख-रेख की जिम्मेदारी ले ली थी। उनकी बेटी लिक्षमी (लक्ष्मी) हमारी बुआ की तरह रहती थी। वो ही हमारे मां-बाप को भाई-भाभी कहती थी, जिसका हम बच्चों ने बारी-बारी अनुसरण किया। दोनों परिवार में काफी सौहार्द था। मंगल दादा को कोई बेटा नहीं था। भाईजी को उन्होंने अपना बेटा बना लिया था। हमारे पिताजी की भी कोई बहन नहीं थी। ये अटूट रिश्ता ताउम्र रहा। लिक्षमी बुआ हमारी बुआ कम बड़ी बहन ज्यादा थी। संयुक्त परिवार की तरह मंगल दादा मुझसे स्नेह रखते थे। मेरे लिए बाहरी दूध की व्यवस्था हो गयी थी। भाभी ने बताया कि जब मैं 5 महीने की ही थी कि अनिल व मनोहर दोनों बीमार हो गये। मुझे घर में भोथी दादी के पास छोड़कर भाभी मनोहर व अनिल को लेकर मछलीवालान अस्पताल में एडमिट हो गयी। अस्पताल के वातावरण में दोनों बच्चों के साथ भाभी भी खुद बीमार हो गयी। इधर भाभी को मेरी भी चिंता थी, उधर उन दोनों लड़कों की चिंता थी। भाईजी हाल-फिलहाल किसी नयी फैक्टरी में लगे थे। वहां से छुट्टी नहीं मिली। इसी कशमकश में दुख में दुख बढ़ता चला जा रहा था। मनोहर को तेज बुखार था, अनिल को भी तेज बुखार था। अनिल की तेज बुखार के कारण मृत्यु हो गई। अनिल की मृत्यु ने और बड़ा दुख दे दिया। भाभी उसकी मृत्यु से टूट गयी और मानसिक अवसाद ने उन्हें घेर लिया। कई हफ्तों वह निराशा के गर्त में डूबी रही हालांकि भाईजी के भरपूर स्नेह ने उन्हें संभाल लिया। यह भाभी की मानसिक बीमारी की शुरुआत थी।

परिवार पहले ही तीन बड़े बच्चों को खो चुका था, अब अनिल के गुजरने पर घबराकर भाईजी, भाभी और बाबा हमें गंगा पर चढ़ाने के लिए नाम बोल दिया और इसके पश्चात् मुझे और बड़े भाई को गंगा में समर्पित करने का उत्सव किया। ये एक मनौती थी जिसे धूमधाम से रीति-रिवाजों के साथ मनाया गया। बस्ती के दोस्तों रिश्तेदारों के साथ भाईजी हम दोनों को लेकर गंगा किनारे गये।

वहां हमारे बालों का मुंडन कराया गया फिर हमें गोद में लेकर दोनों को बारी-बारी गंगा के पानी में नहलाया गया। तत्पश्चात् बीच गंगा में खड़े होकर हमें जोर से हवा में उछाला गया। हम हवा में उछाले गये। भाईजी, भाभी द्वारा हम दोनों को हाथ पसारकर या झोली में पकड़े मनोहर तो सरलता से कैच हो गया, परन्तु मैं कैच से पहले फिसल गयी थी और गंगा की धार पर गिरते ही उछली तो तपाक से बाबा ने कैच कर लिया। एकाएक खुशी थोड़ा सहम गयी थी। हमें गंगा से बाहर लाकर नये कपड़े पहनाये गये और हम दोनों बहन-भाई के एवज में गंगा को काशीफल और मछलियां समर्पित कर दी गयीं। उस दिन के बाद हमारे घर में मछलियां और जिसे सीताफल भी कहा जाता है, कभी नहीं पकाया गया।

गंगा से वापस लौटकर बाबा ने बस्ती में रिश्तेदारों, दोस्तों के लिए दावत दी। उस समय तक लड्डू-पूड़ी का खाना हमारे समाज में भव्यता का प्रतीक माना जाता था। उस समय परम्परा केवल दाल-चावल परोसने की ही थी। हमारे घर में कमाने वाले, भाईजी और स्वयं भाभी भी थी। अब हालांकि बस्ती के दलितों के बीच हम थोड़े से सम्पन्न थे क्योंकि भाईजी हुनरबद्ध कारीगर थे तो मां सुघढ़ गृहिणी और बाबा धैर्यवान बुजुर्ग। अतः लड्डू-पूरी की दावत ही दी गयी थी। इससे हमारे परिवार का स्थान समाज में बेशक गरिमामय बना दिया था, परन्तु अपने गांव के धोखे से उजाड़े जाने की पीड़ा बाबा की धुंधलाई आंखों में हमेशा झलकती रहती। उसकी बेचैनी उन्हें हमेशा उदास रखती। बाबा जब कभी शराब की प्याली पीते तो अपने पुराने दिनों की याद को सार्वजनिक कर देते। अक्सर वो गांव के चालाक जमींदार की धोखाधड़ी की कहानी गा-गाकर सुनाते और भों-भों करके रो लेते। उनके रुदन में पूरी बस्ती गमगीन हो जाती, किन्तु बचपन के मेरे मासूम हृदय पर बाबा के शोषण और उनके उजड़े संसार का मन को ताउम्र बेचैन करने वाला असर होना ही था।

युवा होने पर मैंने दिल्ली के बस अड्डे के पास बने लद्दाख बौद्ध विहार के पीछे बहती यमुना में स्वयं एक मछली खरीदकर पानी में छोड़ दी। उसके बाद मछली खाना शुरू कर दिया।

❐

बाबा

हमारे बाबा बड़े ही सीधे से थे। हमारे बाबा दो भाई थे। बाबा बड़े थे और उनका नाम था दुर्जन। छोटे बाबा बड़े शरारती थे पर नाम था सज्जन। दोनों ही अपने-अपने नाम से विपरीत स्वभाव के थे। उत्तर प्रदेश का एक गांव अनूपशहर हमारा गांव था। बाबा के पास कुछ बीघे जमीन, एक कुआं, एक इक्का-तांगा था। एक खुशहाल घर में जो होना चाहिए था, उस घर में सब कुछ मौजूद था। बाबा की मां उन्हें पैदा करते ही गुजर गई थी। इनकी दादी ने दोनों भाइयों को पाला। जब दोनों जवान हुए तो पड़ोस के गांव से रिश्ता आया, दोनों का ब्याह हो गया। दिन के समय खेत में हमारे बाबा अपने पिता के साथ काम करने जाते तो रात को पानी भरने छोटे बाबा अकेले जाते थे।

एक दिन जब छोटे बाबा सज्जन खेत में पानी भर रहे थे तो जमींदार का बेटा आकर उनसे रौब से बोला, 'पहले हमारे खेत में पानी लगाओ।' छोटे बाबा ने कहा, 'पहले अपने खेत में पानी डालूंगा फिर बाद में तुम्हारे खेत में लगा दूंगा।' इस बात को लेकर दोनों में पहले बहस हुई और मार-पिटाई हो गयी। छोटे बाबा ने उन्हें पटक दिया। ये बात सारे गांव में आग की तरह फैल गई। सारे गांव में ठाकुर-ठाकुर इकट्ठे हो गये और सारे दलित डरकर थर्राने लगे। उन्हें लगा अब किसी की खैर नहीं। बाबा के पिता ने सुना, तो वो अपने दो-चार बुजुर्ग लोगों को साथ में लेकर ठाकुर के घर गये और बेटे की गलती के लिए उनके पांवों में गिर गये। ठाकुर ने 'हूं...' करके उन्हें उस समय तो अभयदान दे दिया लेकिन कुछ दिन बाद फिर एक घटना घटी। बाबा और छोटे बाबा सज्जन अपने घर के आंगन में खाट बिछाकर दोस्तों के साथ बैठे थे उसी दौरान ठाकुर का छोटा बेटा अपने लठैतों के साथ वहां से गुजर रहा था। उन्हें देख सब लोग उठ खड़े हुए पर छोटे बाबा बैठे ही रहे। ये देखकर लठैतों ने उन्हें लताड़कर कहा, 'खड़ा क्यों नहीं होता? देखा नहीं छोटे ठाकुर यहां से जा रहे हैं?'

'तो मैं क्या करूं? जाओ अपने रास्ते, हम अपने घर में बैठे हैं, मर्जी हमारी नहीं उठते।' बस इतना कहते ही लठैतों ने घर में बैठे सब युवाओं को लट्ठों से पीटना शुरू कर दिया। दो लठैतों ने छोटे बाबा को घेर लिया। हमारे बाबा ने छोटे बाबा को डांटना शुरू किया, उठ जाता तो क्या बिगड़ जाता। उधर औरतें रोने लगीं मदद की गुहार करने लगीं। छोटे बाबा ने पिटने की बजाय एक लट्ठ उठा लिया और सीधे ठाकुर के लड़के पर वार कर दिया। ठाकुर के लड़के को पिटते देख, सब चमारों के तोते उड़ गये। हमारे दुर्जन बाबा डर के मारे थर्राने लगे। गांव में चिल्ल-पों मच गयी। रातोंरात बाबा के पिता अपने बच्चों, बेटे-बहू, मां समेत जान बचाने के लिए गांव से भाग गये। खेत, जमीन, घर, कुआं सब पीछे रह गये। वे अपने बड़े बेटे दुर्जन की ससुराल यानि हमारे बाबा की ससुराल चले गये। गांव वालों ने उन्हें वहां छुपा लिया।

एक महीने बाद गांव में ढूंढ़ते हुए ठाकुर आया और बोला गांव चलो। हम अपनी लड़ाई गांव में निपटा लेंगे। वायदा करता हूं कि तुम्हें कोई हाथ नहीं लगायेगा। अपना घर, खेत, देश छोड़कर समधियाने में क्यों पड़े रहोगे? पड़बाबा खुश हो गये। वे ठाकुर के पांवों में नतमस्तक हो गये। गांव के चमारों ने मिलकर पूरे परिवार को विदा कर दिया। अपने गांव में आने के बाद पूरे गांव की बैठक हुई। दोनों ओर से लोग बुलाकर सुलह करायी गयी। सुलहनामा पर पड़बाबा और ठाकुर के हस्ताक्षर हुए। सबने राम-राम करके, रामजी को धन्यवाद दिया। अपने घर आकर पड़दादा ने अपनी बिरादरी को खुशी में दारू पिलाई। दारू के नशे में किसी ने छोटे बाबा की कमर ठोकी तो किसी ने ठाकुर की दरियादिली की तारीफों के पुल बांध दिये। उसके बाद लम्बी शांति छा गयी। इस लम्बी शांति में ठाकुर ने षड्यंत्र का औजार छुपा रखा था। इसका पर्दाफाश तब हुआ जब पड़दादा अचानक गुजर गये।

उनके क्रियाकर्म के एक महीने बाद हमारे दुर्जन बाबा को ठाकुर ने अपने घर बुलवाया। संवेदना प्रकट करके उन्हें बताया गया कि 'ये खेत, जमीन तेरा बाप हमारे यहां बेच गया है, चाहे तो पेपर देख सकता है।' पटवारी गांव की जमीन का बहीखाता लेकर पहले से ही बैठा हुआ था। उन्होंने हां में हां मिलाकर ठाकुर का साथ दिया। बाबा चुपचाप बुझे मन से घर लौट आये। घर आकर अपनी मां को सारी बात बतायी तो यह सुनकर उन्हें भी बहुत सदमा लगा। बाबा अपने छोटे भाई सज्जन से यह बात छुपा गये। बाबा को लेकर उनकी मां दोबारा ठाकुर के घर गई और रो-रोकर पूछा कि उन्होंने वो जमीन कब बेची?

हमें तो उन्होंने नहीं बताया? जमीन की एवज का पैसा भी घर में नहीं आया, यह कैसा न्याय है ठाकुर। मां ने दो-चार गालियां ठाकुर के सामने ही ऊपर वाले भगवान को दे दीं।

गांव के चमारों को ठाकुर की चालाकी का अब आभास हो गया था। ठाकुर दर्जनों परिवारों को छल से लूट चुके थे। दो प्यार के बोल बोलकर सुलहनामे के बहाने उन्होंने कई घरों की जमीन, खेत की सारी जमीन अपने नाम कर ली थी। पुराने दमनचक्र के अनुभवों में एक नया अध्याय और जुड़ गया था और गांव त्यागने का कठोर निर्णय लेकर हमारे बाबा दुर्जन ने अपना घेर छोड़ दिया। दुर्जन विधुर थे, उनकी पत्नी से दो बच्चे हो चुके थे। दूसरे प्रसव में उनकी पत्नी की मृत्यु हो चुकी थी। पड़दादी और सज्जन की पत्नी चाची दोनों बच्चों की देखभाल करती थीं। बाबा अपने दोनों बेटे, अपनी मां, भाई की पत्नी और छोटे भाई को जबरदस्ती इक्के में बैठाकर गांव से निकल गये। इस इक्के में उन्होंने अपने सपनों की गठरियों को बांध लिया। छोटे भाई को पत्नी सहित उनकी ससुराल में छोड़ दिया और हमारे बाबा दिल्ली की ओर रवाना हो गये।

दिल्ली वीरानी जगह उनके लिए परदेश थी। यहां पर न कोई अपना था, न कोई ठिकाना। अंग्रेजी राज का साम्राज्य जैसे दूर तक ऐसा फैला हुआ था जैसे नीला आकाश। रंगरूट (अंग्रेज सैनिक) घोड़ों पर चढ़कर यहां-वहां तहकीकाती नजरों को गड़ाये घूमते रहते। देशभक्ति की गंध से उन्हें एलर्जी थी। ऐसा ही एक रंगरूट लाल किले के सामने बाबा से अचानक टकराया और कर्कश आवाज में बोला, ''तू कौन है? इधर घोड़ा-गाड़ी लेकर कहां जाता है?''

बाबा ने रंगरूट के साथ विनम्रतापूर्वक जवाब दिया, ''साब, परदेशी हूं, ठौर ढूंढ़ रहा हूं!''

मैले सूती कुर्ते और धोती में गबरू नौजवान के साथ दो छोटे बच्चे, एक अधेड़ औरत देखकर रंगरूट हैरानी से उन्हें घूरने लगा, ''ये घोड़ा-गाड़ी किसकी है?''

''साब, हमारी खानदानी है? दूर गांव से आया हूं।'' बाबा की बात सुनकर रंगरूट कुछ सोचने लगा।

कुछ ही क्षणों में निर्णय लेते हुए उसने बाबा से प्रश्न किया, ''क्या तू हमारे घोड़ों के लिए घास लाकर देगा?''

''हां, साब ले आऊंगा, बस कोई ठौर चाहिए।'' बाबा ने और विनम्रता से कहा।

"तेरी जाति क्या है?"

"साहब, चमार हूं!"

"अछूत हो तुम?"

"हां साब।"

"ठौर चाहिए न? उधर जा मछली बाजार के पास। सब चमार रहता है वहां गुट बनाकर। वहां जा, मैं किसी से कह दूंगा, तुम बच्चों के साथ वहां रहो और कल इधर आ जाना। हम बड़े साब से तुम्हारे बारे में बतायेंगे, "अच्छा, अब जा!"

उस दिन एक अंग्रेज सरकार के एक मुसलमान सिपाही ने बाबा को ठौर दिलाया। दलित और मुसलमान दोनों कितने नजदीक थे तब उसने घास काटकर लाने का काम भी दिलाया। मेहनती दलित किसान गांव से उजड़कर अपनी सारी जमीन छोड़ शहर में 'दुर्जन घसियारा' बन गया था।

दुर्जन सिंह अपनी मां और दो बेटों का लालन-पालन करने के लिए अंग्रेजों के घोड़ों को घास काट-काटकर खिलाने लगे। काम के बदले में मिले पैसों से परिवार का गुजारा करने लगे। बिन मां के बच्चे दादी की गोद में पलने लगे। दुर्जन का बड़ा बेटा दिलवा सीधा व मेहनती था तो छोटा बेटा सांवले गुस्सैल और शरारती था। बाबा के साथ घास काटने के वक्त छोटा बेटा सांवले लाड़ में इक्के पर चढ़कर उनके साथ जाता था। हालांकि दोनों की पढ़ाई की चिंता बाबा को होने लगी थी। बड़े बेटे दिलवा को पढ़ाई में रुचि थी लेकिन सांवले की पढ़ाई में कोई रुचि नहीं थी।

कुछ वर्षों बाद पूरे भारत में अंग्रेजों के विरुद्ध लोगों का आक्रोश झलकने लगा था। कांग्रेस, ब्रिटिश राज के खिलाफ जन जागरण आंदोलन चला रही थी। उधर ब्रिटिश सेना की छावनी में जन्मे डॉ. अम्बेडकर नाम के नौजवान के शौहरत की खबरें दलितों में फैल चुकी थीं। इधर कांग्रेस अंग्रेजी सरकार के छक्के छुड़ा रही थी, उधर डॉ. अम्बेडकर अछूतों के सवाल पर अंग्रेजों के साथ-साथ कांग्रेस से टकरा रहे थे। अछूतों में यह बात आग की तरह फैल गयी कि चूहड़ों-चमारों का नेता डॉ. अम्बेडकर है, जो उनके अधिकारों की वकालत करता है। वह विलायत से पढ़कर आया है। उसने बहुत सारी डिग्रियां हासिल की हैं, अंग्रेजी भी खूब फर्राटे से ऐसे बोलता है कि सुनकर अच्छे-अच्छों की बोलती बंद हो जाती है।

बाबा के मन में भी दिलवा को पढ़ाने की लालसा जाग रही थी। उन्होंने आर्य समाजी स्कूल में उन्हें दाखिला दिलवा दिया। सांवले नहीं पढ़ सका, वह

छोटी उम्र में ही चप्पल बनाने के लिए किसी उस्ताद के पास बैठा दिया गया। उस्ताद को पानी पिलाने से लेकर सामान उठा-उठाकर देने में ही जूते तैयार करने का प्रशिक्षण कोई भी चमार बच्चा चार-पांच साल में सीख लेता था। दिलवा और सांवले जब किशोर अवस्था में आये तो बाबा ने उन दोनों की शादी दिल्ली से बीसियों मील दूर सोनीपत के जाखोली गांव में कर दी। ये दोनों भाई और वो दोनों बहनें थीं। दोनों की शादी करके बाबा खुश थे। दिलवा अपनी पत्नी के साथ ठीक निभा रहा था और सांवले अपनी पत्नी को अपने साथ हनुमान की पूजा के साथ बैठाता। कभी-कभी उसका और अपना खून निकालकर काली माई को चढ़ाते जिससे चाची बहुत परेशान हुई अंततः दुखी होकर उसके भाई उसे मायके वापस ले गये और उसकी दूसरी शादी कर दी।

आजादी पाने की ललक का ज्वार गांव-गांव, शहर-शहर, कस्बे-कस्बे का रुख अख्तियार कर चुका था। यह मुहिम कांग्रेस नेतृत्व के हाथ में थी। दलितों की आवाज डॉ. अम्बेडकर उठा रहे थे, तो मुस्लिमों का प्रतिनिधित्व मोहम्मद जिन्ना कर रहे थे। रातोंरात सियासी नेताओं ने देश बांट दिये, साथ में बांट दिये लोग। मुसलमानों के लिए पाकिस्तान नाम का देश अलग बना दिया। इधर के लोग उधर, उधर के लोग इधर लाये-ले जाये जा रहे थे। देश को आजादी मिल गयी थी। अंग्रेज शासक हमारा देश छोड़कर वापस जा रहे थे। मुस्लिमों के लिए जिन्ना के नेतृत्व में पाकिस्तान बन गया था। हिन्दू और मुसलमान जिन्होंने मिलकर अंग्रेजी राज का तख्ता उखाड़ दिया था, अब वे दोनों एक-दूसरे पर घृणित अत्याचार करने में लिप्त हो गये। पूरे देश में अफवाह और मारकाट मच गई। एकाएक मानो मारकाट की शक्ल में कयामत आ गयी हो। लोगों ने घबराकर घर के दरवाजे बंद कर लिये। अपने-अपने रिश्तेदारों के साथ सुरक्षित जगह छुपने लगे। घरों से बाहर निकलना बंद था, बाबा घास काटने गये थे। उनके पास इक्का था और सांवले चाचा साथ थे। अचानक मारकाट की खबरों के साथ-साथ बाबा को मौके पर ही फरमान मिला कि वे इक्के में लाशें ढोयें।

सांवले चाचा किशोर अवस्था में थे, चारों ओर मारकाट देखकर घबरा गये। चारों तरफ खून ही खून... और लाशें देखकर पगला गये। वह अपना मानसिक संतुलन खो बैठे। बाबा से चिपककर रोने लगे। बाबा ने बड़ी मुश्किल से उन्हें घर लाकर छोड़ा और रात-दिन लाशें ढोते रहे। यमुना किनारे जामा मस्जिद, काला मस्जिद, चांदनी चौक, वल्लीमारान में उनके इक्के की परेड होती रही। छोटे बच्चों की रुलाई, जवान लड़कियों की दहशत भरी चीखों के बीच वे स्वयं एक सैनिक

की तरह अपनी ड्यूटी निभाते रहे थे। जान हथेली पर लेकर इक्के को हांकते हुए घायलों को अस्पताल और मुर्दों को यमुना किनारे पहुंचाते रहे। इन सबके एवज में एक अंग्रेज अफसर ने बाबा को शाबाशी के साथ भारत सरकार का ठप्पा लगा एक सागर (पानी पिलाने वाला टोंटी वाला कांसे का लोटा) उन्हें भेंट किया था। इस निशानी को मैंने बहुत संभालकर रखा है। वह कांसे का सागर आज भी मेरे पास है। अपनी इस शाबाशी के लिए बाबा ज्यादा खुश नहीं थे बल्कि दुखी थे। उन्होंने भगवान से हाथ उठाकर बदले में दुआ मांगी, 'हे भगवान ऐसी शाबाशी लेने का मौका मुझे दोबारा न देना।' लाशों के ढेरों को देख-देखकर वो थक गये थे, टूट चुके थे।

बाबा को अपने गांव से बिछड़े हुए और टूटे हुए सपनों को इकट्ठा करने में जितना वक्त लगा था, उससे भी कम समय में पूरा देश छिन्न-भिन्न हो गया। बच्चे-औरत, आदमी-बूढ़े सब असुरक्षित भयातुर थे। वे अपनी जमीन से उजड़ गये थे, अपने-अपने घरों से बेदखल हो रहे थे। वे निढाल हो नियति को ढो रहे थे। उनके इन हालातों के जिम्मेदार वे महत्वाकांक्षी नेता थे जिन्होंने अपना वर्चस्व बनाये रखने हेतु लाखों लोगों को बेघर कर दिया। हजारों मौत के घाट उतर गये, हजारों औरतों की अस्मत लूट ली गई और लाखों बच्चों को अनाथ होना पड़ा। अनगिनत लोग अवसाद ग्रसित हो गये। बाबा शराब के नशे में अपने उजड़ने की दास्तान में अंग्रेजों की विदाई के बाद हुई मारकाट को जोड़कर सुनाते और फफक-फफक कर रो लेते। इसी मारकाट में सांवले चाचा का मानसिक संतुलन बिगड़ गया था। कुछ समय बाद वे उसी अवस्था में घर छोड़कर भाग गये थे।

बाबा पिता के साथ मछलीवालान जैसे मुस्लिम बहुल बस्ती से घिरे मोहल्ले में विभाजन के समय रहा करते थे और मुस्लिमों का वहां रहने वाले दलितों के प्रति रवैया नकारात्मक नहीं था। इस दुख की घड़ी में सब एक-दूसरे के साथ खड़े थे।

❐

मछलीवालान

हमारी बस्ती पुरानी दिल्ली के मछलीवालान को उठा देने की बात काफी अरसे से चल रही थी। आजादी की खुशनुमा हवा में स्वतंत्र देश का अपना शासन-प्रशासन चल पड़ा था। नेहरू जी का समाजवाद का सपना अंगड़ाइयां लेने लगा। हिन्दू-मुस्लिम दंगे से विराम लेकर देश में थोड़ी शांति की सांस लेते ही हमारी बस्ती का लैंडलार्ड, लोगों को वहां से हटाकर अपनी जमीन का उपयोग अपने किसी व्यवसाय के लिए करना चाहता था। हां हां-ना में अनेक वर्ष गुजर चुके थे। इस अस्थायी स्थिति से निपटने के लिए हमारे बाबा और भाईजी ने वह बस्ती छोड़ने का मन बना लिया। पगड़ी के रूप में कुछ मुआवजा राशि भी मिल गयी थी। अतः बाबा और भाईजी ने अपने बाल-बच्चों समेत घर का सामान बर्तन-भांडे, बिस्तर चादरों में बांध लिये और उन्हें तांगों में लादकर पुराने सीलमपुर स्थित दूर की रिश्ते की बहन के ससुराल वालों के घर पहुंच गये जहां उनके तीन कच्चे कमरे बने हुए थे। उसमें से एक कमरा हमने किराये पर ले लिया। एक वर्ष बाद इन्हीं रिश्तेदारों की मदद से भाईजी ने सौ गज का प्लाट खरीदकर उसमें दो कमरे बना लिये, यह मकान सीलमपुर मिडिल स्कूल के पास था। अतः मनोहर और मेरा दाखिला बाबा ने सीलमपुर स्कूल में करा दिया। मनोहर और मैं पढ़ने में साधारण थे। अशोक और पुष्पा अभी छोटे थे। उसी दौरान हमारी और एक बहन ने जन्म लिया। जब हम लोग मछलीवालान से निकल आये थे, तब घर की हालत बहुत बिगड़ गयी थी। घर खर्च चलाने के लिए बाबा भी सब्जी बेचने जाने लगे। वे सुबह अंधेरे सब्जी लाते और झल्ली में रखकर दिन भर गलियों में आवाज लगाता सब्जी बेचते और जब शाम को वापस आते थे, तो सब पैसों में से 'जमा' मूल बचाकर जो नफा होता वह भाभी (हमारी मां) को दे देते।

भाईजी कटिंग मास्टर थे, वे कपड़ों की तह पर तह लगाकर उस पर पैट्रन बिछाकर बड़ी कैंची से कपड़ों की मोटी तह काटते। मोटी तह काटने के लिए

दोनों हथेलियों की मदद से उंगलियों में कैची फंसाकर ताकत लगाते, तब कहीं कटिंग होती। यह काम करते-करते उनकी हाथ की उंगलियों में गांठें पड़ गयी थीं। पांच बच्चों के लालन-पालन के लिए उन्हें रात-रात को रुककर ओवर टाइम लगाना पड़ता तब जाकर भाईजी को हफ्ते बाद पैसा मिलता और वे शनिवार की रात को एक दिन के अवकाश पर घर आते थे। रविवार हम सबके लिए मस्ती का दिन होता। भाभी का मूड अच्छा रहता। घर में मटन पकाया जाता। हमारे लिए फ्रूट आते। भाईजी भाभी को थोड़ी-सी बरांडी पिला देते और तर्क देते कि यह दवाई की तरह होती है इससे शरीर खुलता है, खांसी-जुकाम नहीं होता। भाभी भी ना-ना करके थोड़ी-सी बरांडी पी लेतीं। उनके साथ-साथ हम बच्चे भी उनके आस-पास बैठकर मूंगफली वगैरह खाते।

बड़ा भाई मनोहर और मेरी उम्र में 4 वर्ष का फर्क था। वह मुझसे चार वर्ष बड़ा था। बाबा मनोहर को बहुत प्यार करते थे और मुझे बहुत हड़काते रहते। शाम को जब बाबा सब्जी की फेरी लगाकर घर आते तो मनोहर के साथ मैं भी उनके पास जाकर खड़ी हो जाती। बाबा मनोहर को पैसे देते और मुझे धमकाकर भगा देते। डांटकर कहते, अरी 'मंगल की' नहीं जाएगी यहां से? मैं रोती-रोती भाभी के पास जाती। भाभी बाबा को कहती, 'बाबा, लड़की को क्यों भगाया? उसके हाथ पर भी एक पैसा रख देते।' बाबा झूठ बोल देते, 'अरी मैंने कहां भगाया', मेरी तरफ देखकर कहते, 'अपने आप ही चली गई। छोरी बड़ी तेज है, मेरी चुगली लगाती है। ये तो मंगल की पोती है न?'

बाबा की बात सुनकर भाभी कहती, 'बाबा, ये छोरी तो हमारी ही है। मंगल बाबा के पास घुल-मिल गई तो क्या हुआ? तुम प्यार से बुलाओ तुम्हारे पास भी आकर बैठेगी। तुमसे डरकर दूर-दूर भागती रहती है। तुम इसे भी पुचकारो ये भी तो तुम्हारी पोती है।' बाबा की चोरी पकड़ी जाती। मैं भाभी के पीछे उसकी साड़ी पकड़कर छुपी रहती। तब बाबा मुझे बुलाकर पैसा देना चाहते, फिर भी मैं उनसे पैसा नहीं लेती। अशोक, पुष्पा छोटे थे अनीता गोद में थी। बाबा अशोक और पुष्पा को भी प्यार करते। भाभी खीजकर मुझे ही झिड़ककर कहती, 'जा बाबा के पास जा।' पर मैं चुपचाप छोटे बहन-भाइयों के पास बैठी रहती। भाभी जो भी मुझसे कहती, मैं दिन भर वही करती रहती। जैसे ये सामान उठा ला, वो बर्तन वहां रख दे, इस भाई को खिला ले, इस बहन को चुप कर दे। जो वो मुझसे काम कराती मैं चुपचाप करती जाती। इसने पेशाब किया है कपड़े बदल दे, पोछा मार दे।

बात उन दिनों की है जब मैं चौथी कक्षा में थी और बड़ा भाई मनोहर आठवीं कक्षा में था। सीलमपुर स्कूल के बाहरी गेट के पास सीधे हाथ पर हमारा घर था। उल्टे हाथ पर रेलवे लाइन थी। वहां से एक छोटी-सी गली रेलवे लाइन की ओर से जाती थी। रेलवे लाइन के नीचे-नीचे एक गंदा नाला बहता था और इसी नाले के आस-पास भंगी जाति की बस्ती थी। यहां के ज्यादातर लोग सुअर पालते थे। औरतें सुबह मुंह अंधेरे दूर दूसरी बस्तियों में सफाई का काम करने जाती थीं। इस बस्ती के बहुत कम बच्चे स्कूल जाते। वहां की एक लड़की गेंदा मेरी क्लास में पढ़ती थी। उसके पिताजी कहीं चपरासी थे। उसकी मां नये सीलमपुर में कथित टट्टी कमाने जाती थी। आजकल हम इसे सिर पर मैला ढोना कहते हैं। उसके दो छोटे भाई थे। गेंदा का घर हमारे घर के पास ही था। कभी-कभी वह अपने एक भाई को गोद में उठाकर हमारे घर आ जाती थी। हमारी पड़ोसी कमलेश गूजर जाति की थी। वह मेरी मां को अक्सर कहती थी, 'या छोरी भंगन की थ्यारे घर काहे कू आवे है। इसे भगाया करे न?' मेरी मां चतुराई से जवाब देती, 'बहन जी, ये बच्ची तो मेरी रज्जो की क्लास में पढ़ती है। बच्चे आपस में खेलते हैं तो मुझे किसी के बच्चे को भगाना अच्छा नहीं लगता।' दरवाजे पर खड़े-खड़े ये दोनों बतियाती रहतीं। मैं अपनी पड़ोसी गूजरी को मौसी कहती थी। हमारी जाति जाटव है ये उसे पता था। उसका पति उसे हमसे बात करने से रोकता था। इस पड़ोसी आंटी के अपने कोई बच्चे नहीं थे। उसके घर में तीन-चार भैंसें थी। लोग उसके घर आकर दूध खरीदकर ले जाया करते थे। वह अपनी भैंस का दूध स्वयं दोहती थी और हर दिन मुझे इशारे से बुलाकर छोटी गिलासी में ताजा-ताजा दूध देती। मनोहर भाई को कमलेश मौसी परांठा बनाकर खिलाती। हमारी ममता में वह अपने पति के आदेश की अवहेलना करती रहती। उसका पति निर्दयी था। ज्यादातर अपने गांव में रहता, जब भी वह घर आता तो उन दोनों में जोर से झगड़ा हो जाता।

हमारे घर के पास जो स्कूल था उस स्कूल के गेट के आस-पास शाम के वक्त गुंडागर्दी होती। शोहदे-गूजरों के लड़के, चौराहों पर खड़े होकर मां-बहन की गालियां निकालते। भंगी बस्ती की लड़कियों की ओर ताकते और इशारेबाजी करते। एक दिन एक शाम इसी तरह का कुछ वातावरण था। कुछ गुंडे लड़के किसी बाहरी आदमी को स्कूल के पास घेर लाये थे। उन सबने साथ बैठकर शराब पी और आपस में जुआ खेलने लगे। जिसको घेरकर लाये थे उस आदमी का नाम नन्दा था। बातचीत में वे नन्दा उनका नाम ले-लेकर उसे और खेलने

के लिए उकसाते व उसकी जेब से रुपयों को दांव पर लगाने के लिए कहते। एक समय ऐसा आया कि नन्दा और खेलना नहीं चाहता था। जैसे ही वो जाने के लिए उठा, लड़कों ने उसे घेरकर चाकुओं से गोदकर मार डाला। वह बंदा वहीं का वहीं ढेर हो गया। थोड़ी देर बाद बहुत सी पुलिस आ गई। उसने आसपास के घरों से तफ्तीश करनी शुरू कर दी थी और मुजरिमों को पहचानने को दबाव डालने लगी। पुलिस ने भंगी बस्ती के जवान लड़कों को पकड़-धकड़ करके उसकी जांच-पड़ताल शुरू कर दी। भाभी (हमारी मां) यह सब देखकर बहुत डर गयी। उसने भाईजी को ये घर बेचकर कहीं और खरीदने की सलाह दे दी।

रेलवे लाइन के नीचे बसी बस्ती में शराब बेची जाती थी। सुअर पालने व बेचने का धंधा भी होता था। आये दिन सुअरों को पकड़कर नये मालिकों के हवाले करते समय काफी शोर होता। हृदय हिला देने वाले रुदन के साथ ही सुअर पकड़ में आता। सुअर के पकड़ में आते ही उसके चारों पांवों को निर्दयतापूर्वक बांधा जाता। वह जानवर बेचारे चीखते-चिंघाड़ते और हम उनकी आवाजें सुनकर बेचैनी से अशांत हो जाते।

एक शाम मैं और मनोहर ऐसे ही दरवाजे के पास खड़े थे कि जवान लड़कों के एक समूह ने पहले तो आसपास चर रहे सुअरों में एक सुअर ढूंढ़ निकाला, फिर हाथों में लट्ठ लेकर उसकी नाकाबंदी करने लगे। वह निरीह जानवर यहां से वहां भागता रहा। कभी इधर से उधर, उधर से इधर चिंघाड़ता हुआ दौड़ता। हाथों में लट्ठ पकड़े ये लड़के उसे घेर लाये और उसे लट्ठों से पीट-पीटकर गिरा दिया और दो-तीन हट्टे-कट्टे लड़कों ने उसे पूरी ताकत से पकड़कर उसके पांवों को बांध दिया। किसी तेज धार से उसका काम तमाम कर दिया। फिर नीचे आग जलाकर उसे बल्लियों के सहारे खाली जगह में उल्टा लटका दिया। हम दोनों बहन-भाई डर के मारे घर में घुस गये। हमें लगा कहीं कोई हमें ही न ऐसे टांग दे। रह-रहकर हमारे कानों में उस जानवर की चीखें सुनाई देती थीं। हम बहुत डर गये।

रेलवे लाइन पास होने की वजह से रेलवे लाइन पार करते समय कभी-कभार कई लोग वहां कट जाते थे। लोगों के कट जाने की खबर भी खूब फैलती। लोग-बाग लाइन लगाकर रेलवे ट्रैक में कटी लाश देखने जाते। हम कुछ बच्चे भी घर से छुपकर वह सिर कटी लाश देखने गये। एक बार कटी लाश देखकर मनोहर को बुखार चढ़ गया। हम दोनों बहन-भाई रात को डर के मारे पेशाब करने नहीं उठते। हमें अपने आंगन में वह सिर कटा आदमी पड़ा हुआ आभास होता।

इन सब हालातों को भांपकर भाईजी ने घर बेचने का मन बना लिया। पड़ोसन कमलेश मौसी को अब एक बेटा हो चुका था, वह चाहती थी हम वहीं रहें। परन्तु भाईजी ने घर बेचने का फैसला कर लिया। हमारा वह घर किसी गूजर ने ही खरीद लिया था, परन्तु जितने पैसों की हमें उम्मीद थी उससे कम रकम ही मिली। सीलमपुर से दो किलोमीटर दूर अपने जान-पहचान के चमारों के पास भाईजी ने प्लाट खरीदा और घर बनाया। घर बनाने के लिए पैसा पर्याप्त नहीं था अतः कुछ कर्ज भी ले लिया। अशोक और पुष्पा का दाखिला भी वहीं सीलमपुर स्कूल में हो चुका था। रघुवरपुरे से सब बच्चे पैदल चलकर पुराना सीलमपुर स्कूल जाते रहे।

हमारा रघुवरपुरे वाला घर ठीक बस्ती के बीचोंबीच था। यह घर एक गली के दोनों किनारों पर क्रमबद्ध बने घरों की कतारों में गुंथा हुआ था। हमारी लाइन में हमारे घर के उल्टे हाथ पर गनी मास्टर मुस्लिम परिवार था तो दूसरी साइड में एक पंजाबी परिवार और उससे आगे एक हवलदार का घर था, जो जाति से ब्राह्मण थे। हमारे घर के सामने बुद्धन बाबा, उनकी पत्नी बिड्डन अम्मा रहते थे। उन्होंने एक कमरा किराये पर दिया था, जिसमें इलियास भाई रहते थे। इलियास भाई थोड़े पढ़े-लिखे थे, किन्तु उनकी पत्नी अनपढ़ थी। उनके दो बच्चे थे एक लड़का और एक लड़की। इसी गली में रामचन्दर, मोहन देवी, भगवान दास, तोताराम, रणसिंह, जगराम और उनकी बहन राजकली भी रहती थी। सबके कई-कई बच्चे थे। रणसिंह भाई ही इस बस्ती के बड़े पैरोकार थे। पढ़े-लिखे, बातूनी और समझदार एक नायक की तरह हर किसी की मदद करने को तैयार रहते। पेशे से पोस्टमैन थे। हमारी इस बस्ती में कई जातियां रहती थीं। इन ज़ातियों में दलितों की संख्या यहां ज्यादा थी। दलितों का आपस में आना-जाना, खाना-पीना, शादी-विवाह, सुख-दुख में उठना-बैठना था। दूसरी जाति के लोग हमसे बात तो करते थे, पर खान-पान में शामिल नहीं होते थे। उनके बच्चे भी अपने घर के अंदर ही रहते और बस्ती के अन्य बच्चे तथा हम सब गली में खेलते। हवलदार के घर एक बेटी थी विमला, जो मनोहर भाई की हमउम्र थी। मनोहर भाई बचपन से बहुत ही पुजारी स्वभाव के थे। विमला के घर के आंगन में साग, मूली, आलू, हरा धनिया, पुदीना, हरी मिर्च, गेंदे व गुलाब के फूल उगे रहते थे। शाम को हमारे घर में रोज शाम 6 बजे आरती होती। भाभी, सभी भगवानों के सामने दीया जलाती और हम बहन-भाई लाइन लगाकर हाथ जोड़कर भाभी के साथ 'ओम जय जगदीश हरे' की आरती गाते। आरती के बाद प्रसाद

के रूप में चीनी के दाने खाते। हमारी आरती की बात बस्ती में मशहूर हो गई थी। अन्य दलित परिवारों के बच्चे भी चीनी का प्रसाद लेने शाम को हमारे घर आते और आरती में शामिल होते। यह बात विमला की मां हवलदारनी को अच्छी लगी। एक बार उसने मनोहर को बुलाकर कहा, 'बेटा, इस गली में तुम सबसे होशियार बच्चे हो, हमारे घर भी आकर विमला के साथ खेल लिया करो।' ज्यादातर घर से बाहर के लोग मनोहर को बब्बू कहते थे और हमारी भाभी को आस-पास के लोग बब्बू की मां कहते। धीरे-धीरे हवलदार का बंद दरवाजा हम सब बच्चों के लिए खुल गया। मनोहर भाई उनके आंगन के खेत में बैठकर सत्यनारायण की पूजा करता और सबको कथा सुनाता। सब बच्चे मिलकर आंटी के खेत में पानी भरते तो कभी खर-पतवार काटते। अब आंटी हमें चाय भी पिलाने लगीं। हमें अपनी जाति का अहसास कराये बिना थोड़ी दूरी, और थोड़ी नजदीकी बनाये रखतीं।

हमारा घर तो कच्चा ही था। तीन कमरे एक लाइन में बनाये हुए थे। प्लाट के शुरू में घुसते ही मंगल दादा-दादी रहते थे। बाकी के दो कमरे में हम स्वयं रहते थे। एक कमरे में बाबा रहते थे। एक कच्ची लैट्रिन थी। गली में कोई नाली नहीं थी, नहाने-धोने के लिए एक बरमा (नल) था, हमारी नाली का विकल्प था एक गड्ढा, जिसमें पूरे घर भर का इस्तेमाल किया गंदा पानी एकत्र होता था। लैट्रिन के पानी का एक अलग गड्ढा था। घर का कूड़ा डालने के लिए एक गड्ढा भी अलग था।

हमारे घर की लैट्रिन उठाने एक महिला शीला नये सीलमपुर से आती थी, जिसे हम शीला मौसी कहते थे। वह बहुत साफ-सुथरी, दुबली-पतली एकदम अमीर औरत की तरह दिखती थी। उसके साथ कोई अभद्र भाषा नहीं बोलता था। बस्ती की सफाई करके अपने साथ लाये साफ कपड़े बदलकर अपने घर जाती थी। हमारे घर के गड्ढे में गंदा पानी जब पूरा भर जाता, तब मैं और मनोहर हम बारी-बारी डिब्बे में गंदा पानी भर-भरकर निकालकर आस-पास खाली प्लाट की तरफ लुढ़का देते। शीला मौसी लैट्रिन पर उपलों की राख छिड़कती और सूखी लैट्रिन उठाकर टोकरे में भरकर बाहर दूर किसी खाली प्लाट में रोज फेंकने जाती और थोड़े से पानी से खुड्डियां भी धो देती। इस व्यवस्था के चलने तक हमें नालियों के बारे में कोई जानकारी नहीं थी।

घर खर्च चलाने के लिए भाभी लिफाफे बनाती थी। सुबह उठाकर अंगीठी जलाती, उसके सुलग जाने पर चाय बनाती। हमें चाय के साथ पापे-रस खाने

के लिए देती। मुझे और पुष्पा को तैयार करके स्कूल भेज देती। उसी स्कूल में दोपहर की शिफ्ट में लड़के स्कूल जाते और स्कूल से हम वापस आते। दोपहर को रोटी खाते समय रोटी के साथ कभी दाल होती, कभी लाल मिर्च-लहसुन की चटनी होती थी। भाभी चटनी बड़ी स्वाद बनाती, लहसुन, लाल मिर्च, नमक के साथ कच्चा आम और सौंफ भी सिलबट्टे पर पीसती और इसी चटनी को तेल से छौंक देती। हम सब बड़े मजे से खाते।

भाभी जब भी लिफाफे बनाती तो सब छोटे-बड़े बच्चों को साथ बैठा लेती। बीच-बीच में हम मदद करते, पानी व चाय लेकर आते। किसी बच्चे ने पेशाब कर दिया या लैट्रिन कर दी तो वो काम भी निपटाती। भाभी काम करते-करते चाय बहुत पीती। घर के पास चाय की दुकान थी, दिन में दो-तीन बार चाय मंगाती, हमें भी एक-एक घूंट पिला देती। रणसिंह भाई हमें शाम को पढ़ाने के लिए बुलाते। मैं और मनोहर उनके पास पढ़ने जाते थे। बस्ती के अन्य लड़कों में से रतनलाल, रामभूल भी पढ़ने के लिए आते थे। पढ़ाई के समय हमें बहुत नींद आने लगती। रणसिंह भाई ने एक छड़ी बनाई हुई थी जिसका नाम था– 'ज्ञानदेयी'। हमें उनींदा देखकर अपनी छड़ी उठाते और कहते, 'हां भाई ज्ञानदेयी की मदद चाहिए?' ज्ञानदेयी देखकर मेरी तो नींद उड़ जाती, बाकी सब भी चुस्त हो जाते। रणसिंह भाई की ज्ञानदेयी से हम सब बच्चे डरे-डरे रहते, परन्तु हमें पढ़ने की प्रेरणा रणसिंह भाई से खूब मिली।

❐

मां का प्रसव

होली का दिन सिर पर आ गया था, पर घर की खराब हालत के चलते घर में होली वाली खाने-पीने की चीजें नहीं बन पायी थीं। एक माह पहले ही घर में नया मेहमान आया था। अनीता अभी गोद में थी। घुटनों चल रही थी। एक भाई और पैदा हो गया था, उसका नाम रखा गया संजय। गोरा-चिट्टा, गोल चेहरा देखकर भाभी के साथ-साथ पूरे मोहल्ले की औरतों को बहुत भा गया था। भाईजी को भी उसे देखकर अच्छा लगा था। संजय के पैदा होने के छः दिन बाद घर की परम्परा के अनुसार बच्चे-जच्चे की छठी पूजी गई। छठी वाले दिन बच्चे और मां को नहला-धुलाकर कमरे से बाहर लाया गया। दीवार पर 'सतिया' पूजे गये। स्वास्तिक का चिह्न गोबर से बनाया गया। सूरज की तरह गोल-गोल आकृति के रूप में गोबर में झाड़ू की तीन सीकें सजायी गयीं। पांचों उंगलियों समेत हाथ छापा गया।

जच्चा स्त्री को छः दिन बाद सोहर से बाहर निकालकर लाने की रस्म देवर द्वारा करायी गयी। उसके बदले में देवर को भाभी ने तोहफे के रूप में कुछ रुपये दिये। अपनी मौसी के देवरों को हम चाचा कहते थे। उनमें से एक जिसका नाम गरीब था, ने यह रिवाज निभाया। भाभी ने उसे कुछ रुपये दिये। छठी पूजते ही बच्चे का नाम भी रख दिया गया। सगे-संबंधी मोहल्ले वालों के सामने जच्चा-बच्चा घर के आंगन में आकर बैठी ही थी कि उसी मौके पर रणसिंह भाई ने भाभी को प्यार भरा ताना मार दिया, 'मामी अब बस भी कर दे, क्यूं पूरी क्रिकेट टीम बनाने में लगी है? बालकों को पढ़ाना-लिखाना भी है कि ना? आमदनी तो कम है, खर्च बढ़ाये मत जाओ।' भाभी सिर पर पल्लू और गोद में बच्चे को लेकर लकड़ी के पटरे पर बैठी थी, नीचे मुंह किये कुछ बोलना चाहती थी परन्तु यह देख चुप हो गई कि घर मेहमानों से भरा है। बोलने से कुछ तनाव

हो सकता है, घर के अंदर पूजा-पाठ चल रहा था, औरतें गीत गा रही थीं... ऊधम मचाते बच्चे यह सब मिला-जुलाकर ये कोलाहल मस्ती में तब्दील हो रहा था। पूजा के बाद खाना खा-खाकर मेहमान भाभी और बच्चे को आशीष देते हुए विदा हो रहे थे।

दूसरी तरफ मर्दों के साथ भाईजी की शराब की मण्डली अलग चल रही थी। भाईजी शराब पीते तो खूब बातें करते। हंस-हंसकर शेखियां बघारते। मेहमानों के जाने के बाद भी नशे की तुनक में भाईजी और रणसिंह भाई बहसबाजी में रमे हुए थे। भाभी को यह सब देख-देखकर गुस्सा आ रहा था क्योंकि वह बैठी-बैठी थक गयी थी। मनोहर से संकेत में कहकर भाईजी को बुलाकर लाने को कहा। मनोहर के बुला लाने पर भाईजी झूमते-झूमते आये तो भाभी ने गुस्से में भाईजी को लानत दी और कहा, 'खुद पीने में लगे हो, बच्चे इधर-उधर घूम रहे हैं। कब तक महफिल लगाये रहोगे? रकात मंडली को अब रफा-दफा करो जी।' भाभी की बात सुनकर भाईजी थोड़े झेंप गये और बोले, 'बस सब लोग अभी चले जायेंगे।' हम बच्चों को संबोधित हो बोले, 'चलो अपने बिस्तर बिछाओ और सो जाओ। बब्बू, तू सबको सुला। गुड्डी, मुझे भाईजी गुड्डी कहते थे। तू बर्तन-भांडे उठाकर तख्त पर रख दे।' धीरे-धीरे शराब की मंडली उठ गई और रात का सन्नाटा छा गया। सब थककर चूर हो गये थे। बिस्तरों पर हम बहन-भाई अब एक-दूसरे के ऊपर गिर-पड़कर सो गये थे। छठी की रौनक ने जहां हमारा घर गुलजार किया वहां उसके खर्च ने घर में और कड़की ला दी थी। परिणामस्वरूप एक महीने बाद आने वाली होली भी बेरंग हो गई थी। छोटी बहन के पैदाइशी बाल उसके सिर पर से अभी उतारे नहीं गये थे। रिवाज के अनुसार नवजात बच्चे के पहले-पहल बाल काटने के लिए 'जात' लगाने का उत्सव करना पड़ता था। मतलब, अपने कुलदेवता पचौटेवाले बाबा के सामने जाकर सिर के बाल उतारने पड़ते थे। हमारे कुल देवता 'पचौटेवाला बाबा' था। बुलंदशहर के पास जिसका स्थान पचौटे गांव में था। शादी के बाद नई बहू को लेकर वहां दर्शन के लिए भी जाना होता है। ठीक उसी तरह प्रत्येक बच्चे के पैदा होने के बाद उसे पचौटे ले जाकर दर्शन कराने होते तथा उसके बालों का मुंडन भी वहीं होता है। अगर किसी वक्त समय न मिलने की वजह से या घर में वहां जाने के लिए पैसा न हो तो, पचौटे वाले बाबा के नाम के कुछ रुपये उठाकर रख दिये जाते थे।

ऐसा विश्वास बना हुआ था उन्हें भूल जाने पर उनकी खोड़ (अभिशाप) हो जाती है। खोड़ हो जाने पर परिवार पर अनिष्ट हो जाता है। कोई बीमार हो जाता है या भारी नुकसान हो सकता है ऐसा ही समझा जाता था।

होली वाले दिन भाईजी फैक्टरी से घर नहीं लौटे थे। भाभी त्यौहार के दिन भाई से नाराज होकर बैठी थी क्योंकि घर में पैसे का अभाव था। इसी वर्ष छोटी बहन के बाल पचौटे जाकर कटवाने थे। भाभी ने सोचा था दोनों बच्चों के बाल लगे हाथ उतरवा देंगे। अनीता चिड़चिड़ी हो रही थी। भाभी को लग रहा था बाबा पचौटेवाला अपना प्रभाव दिखा रहे हैं। उसी दिन सुबह-सुबह वह बार-बार रोने लगती। तभी भाभी ने मुझे हाथ में पैसे दिये और कहा इसे चीज दिला ला। मैं उसे गोद में उठाकर दुकान की तरफ चल पड़ी। मैंने देखा कि अचानक वह मेरी गोद में बैठे-बैठे पीछे की तरफ सिर गर्दन लटका रही थी और उसकी आंखें ऊपर की ओर चढ़ने लगीं। मैं दुकान पर चने लेना छोड़कर झट से उसे उठाये-उठाये भागकर घर में ले आई। भाभी को दिखाते हुए कहा, देखो इसे क्या हो गया? भाभी अनीता को देखकर रोने लगी। रोना सुनकर भोथी दादी जो अब हमारे ही घर के एक कोने के कमरे में रह रही थी, दौड़कर आयी। उसने अनीता को मेरी गोद से छीन लिया और अपने पहने हुए घाघरे को बीच से फाड़ डाला और फटे घाघरे में से अनीता को निकाल दिया गया जैसे उन्होंने जीवन रक्षक कोई टोटका किया हो। झट से सवा रुपया अनीता पर उतारकर दादी ही पचौटे वाले बाबा से माफी मांगते हुए बोली, ''बाबा तुझे पता है घर में फाका चल रहा है, तू इन बच्चों पर दया कर, तेरे द्वार पर अगली होली पर सब जरूर जायेंगे।'' अनीता जो आंखें नटेर रही थी, अब उसकी आंखें स्थिर चुकी थीं। परन्तु उसकी एक आंख एक तरफ टेड़ी सी हो गई थी। ये पूजा-पाठ, परम्पराएं रिवाज देखकर मेरा बाल मन डर गया। ये बाबा पचौटेवाला कौन था? उसकी क्या कहानी है? क्या वो ही हमारा भगवान है? तब भाभी जो दुर्गा मां की रोज पूजा करती है वो क्या है? भाईजी शिवशंकर के भक्त थे वे बम-बम भोले की तान के दीवाने थे फिर ये तीसरे देवता बाबा पचौटेवाले कैसे दीखते हैं? उनकी फोटो या मूर्ति हमारे घर में क्यों नहीं है। मैं सोचती रही।

किन्तु अतीत के पन्ने उलटने पर रह-रह कर मेरा विवेक कहता है कि मेरी छोटी बहन अनीता को बचाने के लिए मेरी भोती दादी ने जो त्याग किया

वह अनूठा है। कहते हैं कि कृष्ण की उंगली कटने पर द्रोपदी ने अपने साड़ी के पल्लू को फाड़कर चिंधी को कृष्ण की उंगली पर लपेटा था। किन्तु द्रोपदी का त्याग मेरी मोथी दादी की तुलना में रत्ती भी नहीं है। क्योंकि दादी ने तो अनीता को बचाने के लिए अपने घाघरे को ही तत्काल फाड़ दिया था। घाघरा फटने पर आर्थिक तंगी के चलते वह दूसरा घाघरा खरीद नहीं सकती थी। किन्तु दादी ने इसकी परवाह नहीं की। मेरी नजर में भोथी दादी ही सर्वश्रेष्ठ और प्रेरणाप्रद है। मेरे सामाजिक कार्य की प्रेरणा भोथी दादी भी निश्चय रूप से कहीं न कहीं हैं ऐसा मैं निःसंदेह कह सकती हूं।

भाईजी दोपहर को अपनी फैक्टरी से घर आ गये थे। घर में सुबह हुए कांड की झलक हम बच्चों के डरे हुए चेहरों पर स्पष्ट थी। भाभी की उदास आंखों में साफ दीख रही थी कि वह नाराज है। भाईजी के आते ही भाभी भाईजी का जोर से झगड़ा हुआ। भाईजी विनम्रता से कह रहे थे, फैक्टरी में जब पैसों का हिसाब होगा तभी पैसे लेकर घर आऊंगा न? वहां से बिना हिसाब किये पैसे के लिये बगैर क्या खाली हाथ घर लौटता? हालांकि थोड़ी देर में घर में रौनक वापस आ गई। भाईजी सब सामान बाजार से ही खरीदते हुए ले लाये थे। हमारे लिए रंग-पिचकारी, मिठाई और फल, अपने लिए अद्धा (शराब की आधी बोतल) और भाभी के लिए घर चलाने का नकदी खर्चा। सारा का सारा पैसा भाभी के हाथ पर रख दिया था। तत्पश्चात् हम सब बहन-भाइयों ने गली में खड़े होकर बड़ी पिचकारी में पानी भरकर गली के बच्चों पर फेंका। मैं होली खेलने से बचपन से ही डरती थी। मनोहर अपने दोस्तों के साथ सुबह से होली खेल रहा था। भाभी ने हम छोटे बच्चों को ही घर में दबोचकर बैठाया हुआ था। भाईजी के आने के बाद अब हम सब भी घर से बाहर निकलकर मस्ती कर रह थे। मोहल्ले के मर्दों के साथ भाईजी भी होली खेलने चले गये थे।

पूरी गली रंग और गुलाल से लाल-हरी-पीली हो रही थी। हमारे घर में 10-12 औरतों का झुंड ढोलक बजाते और गीत गाते हुए घुसा चला आया। ''होली खेले रणवीर मोहे सरम आये रे'' गीत गाते-गाते ही वे सब आंगन में फैल गयीं। ये औरतें हमारी बिरादरी की थीं कोई चाची, ताई, मौसी, फूफी लगती थी। एक औरत के सिर पर बड़ी-सी परात रखी हुई थी जिसमें घर-घर से एकत्र की हुई गुड़ की भेलियां रखी थीं। होली की टोली में आयी औरतों में एक औरत

कमला जो रिश्ते में हमारी बुआ लगती थी उसने भाभी को गुलाल लगाया और गले मिली। बुआ, भाभी और भाईजी का नाम ले-लेकर गीत गाते हुए बोली, 'होली खेले दिलवा जाबो को सरम आये रे, होली खेले रणवीर।' ढोलक की थाप पर फिर सब औरतें गोल-गोल झूम-झूमकर नाचने लगीं। भाभी उनके लिए चाय बनाने लगी तो उन्होंने चाय पीने से इंकार किया और इशारे में कुछ और (शराब) पीने की फरमाइश की। भाभी ने मजाक में चुटकी ली और कहा, 'वो तो तुम्हारा भाई लाकर देगा। इंतजार करो मंगाती हूं। उन्हें आने दो।' बुआ लजा गई बदले में उसने दो गालियां भाभी को दे दीं और कहने लगी, 'भैया क्यों लाकर देगा? तेरे यार होंगे न? उन्हीं से मंगा दे।' मस्ती! गाली! नाच! औरतें बौरा रही थीं हम बच्चे मजे ले रहे थे।

वे मस्ती के नशे में अश्लील मजाक कर रही थीं और हम बच्चों पर चिल्लाकर पड़तीं, भागो रे बच्चो 'लुगाइयों में क्या ले रहे हो? चलो जाओ। बालक बच्चों में खेलते हैं।' थोड़ी देर में भाभी ने एक नोट कमला बुआ जो मंडली की सरदार थी उसे थमा दिया और उनके साथ-साथ दूसरों के घर चलने के लिए इनकार कर दिया। औरतें मान भी गयीं क्योंकि भाभी अभी छोटे बच्चे की मां थी।

बिरादरी में होली का रिवाज था कि मर्द अपनी टोली बनाकर अपने दोस्तों, रिश्तेदारों अन्य सम्पर्कों में जाते और उनके साथ होली खेलते। औरतें भी मंडली बनाकर होली खेलने जाती थीं। औरतों में रिवाज था कि जिस घर होली खेलने जातीं उस घर में ढाई सेर या जितना भी संभव हो उनसे गुड़ ले लेतीं। शाम को गुड़ प्रसाद की तरह आपस में बराबर-बराबर सब में बांट लेतीं। जो औरत बंटवारे के समय अनुपस्थित होती, उसके हिस्से का गुड़ उसके घर भेज दिया जाता। हमारे घर भी गुड़ आया था। तीन बजते-बजते होली का जोश ठंडा पड़ गया। बच्चे, औरतें, मर्द, बुजुर्ग सब ने नहा-धोकर कपड़े बदल लिये और सुबह घर में बनाये गये पकवान पकौड़े वगैरह इत्यादि खाये। अगले दिन हमारे घर में गोस्त बनाकर भोजन किया गया। हम अब होली की मस्ती के साथ-साथ हिरण्यकश्यप की हार की गाथाओं—होलिका दहन के बाद प्रह्लाद भगत के बच जाने के प्रतीकात्मक उत्सव के साथ स्वयं को एकाकार कर लेते थे। तब हम यह न जानते थे कि होलिका नाम की स्त्री को जला देने के बाद क्यों ढोल/नगाड़े बजाये जाते हैं या भक्त प्रह्लाद ईश्वर के प्रताप

से सुरक्षित बचाने की खुशी में हैं। दोनों घटनाएं एक साथ घट जाने की वजह से एक हिंसक दृश्य को देखकर खुशी से पागल होकर नाचना हमारी कौन सी संस्कृति है? क्या हम इंसान हैं?

हर वर्ष यह हिंसक घटना खुले आम चौराहों पर दोहरायी जाती है। होलिका दहन का उत्सव स्त्री की अवमानना है। इसी का परिणाम है कि हमारे देश में औरत को जला देना इतना आसान है कि बहू दहेज ना लाये जलाकर मार दो। यह उत्सव नहीं सांस्कृतिक युद्ध है जो हर वर्ष दोहराया जाता है।

❐

एमसीडी का हथौड़ा?

1968 के आस-पास की बात है, नानी कुछ समय के लिए हमारे घर रहने आयी थी। नानी ने हमें बताया—मां एक मेधावी बच्ची थी। उनका घर बिरादरी के अन्य घरों से काफी खुशहाल था। मायने यह कि नाना के यहां पैसे की उतनी दिक्कत नहीं थी जितनी कि बिरादरी के अन्य घरों में होती थी। हमारे नाना रेलवे में मालगाड़ी के ड्राइवर थे। नाना पढ़े-लिखे तो नहीं थे और नानी भी अंगूठा छाप थी। फिर भी संयोगवश नाना को पहले इंजन में कोयले झोंकने का काम मिला, फिर वे इंजन भी चलाना सीख गये। नाना-नानी के दो लड़के और मेरी मां समेत दो लड़कियां थीं। नाना लड़कों को पढ़ाना चाहते थे। लड़कियों को पढ़ाने का चलन ही नहीं था। काफी मेहनत-मशक्कत के बावजूद बड़े मामा आठवीं कक्षा तक ही पढ़ पाये और छोटे मामा स्कूल ही नहीं गये। मौसी और मां दोनों को पढ़ाने बैठाया ही नहीं गया। मेरी मां अपनी मर्जी से, अपनी लगन से मामा की देखा-देखी स्वयं अक्षरज्ञान सीखने लगी थीं। अपने प्रयास से वे चिट्ठी-पत्री लिखने से लेकर रामायण तक बांचने की योग्यता पा गयीं।

मां की पहली शादी 11 वर्ष की उम्र में एक थोड़े पढ़े-लिखे नौकरी-पेशा युवक से हुई थी। उस युवक की नजर में मां अनपढ़ थी, जिसके कारण जबरन दो वर्ष बाद ही उसके पति ने धोखे से खाली पेपर पर साइन कराकर उन्हें छोड़ दिया। वह अपने पिता के घर लौट आयी। अपना पेट पालने के लिए वह सिलाई, कढ़ाई सीखना चाहती थी, परन्तु उन सबके लिए आसपास कोई सुविधा न थी और चमारों के लिए सीखने-पढ़ने के सब रास्ते बंद थे? अतः अपनी बुद्धि विवेक और लगन से उन्होंने आसपास की औरतों से पूछ-पूछकर कढ़ाई-बुनाई सीखी। अ, आ, इ, ई पहले ही सीख ली थी और हरफ जोड़-जोड़कर पढ़ना सीखा और धार्मिक पुस्तकें पढ़-पढ़कर पढ़ाई का अभ्यास किया।

बकौल मां उसने अपनी नीरस जिंदगी को धर्म-कर्म में बिता देना अपना

लक्ष्य बना लिया था। तभी उनकी मुलाकात गांव के दामाद के माध्यम से हमारे पिताजी से कराई गयी। मेरे पिता की पूर्व शादी भी कम उम्र में हुई थी और उनके एक बच्चे समेत उनकी पत्नी प्रसव के दौरान मृत्यु को प्राप्त हो चुकी थी। उन दिनों कच्ची उम्र में ही शादी कर दी जाती थी। गरीबी और अभाव के कारण बचपन में ही बच्चों को मां-बाप बनाने की ललक के कारण, छोटी उम्र में ही युवतियां पहले प्रसव में ही ढेर हो जाया करती थीं।

तत्कालीन सम्मान में लड़कियों की कोई हैसियत नहीं थी। भाभी यानि जावित्री देवी उस समय अपनी जिंदगी के बारे में बहुत सचेत थी। वह बहुत ही जिद्दी थी। अपने पहले पति से अनपढ़ता के कारण धोखा खा चुकी थी इसलिये उन्होंने संकल्प लिया कि उनकी औलाद अनपढ़ नहीं रहेगी।

घरों में अस्वच्छता, अंधविश्वास भरा जीवन व प्रतिकूल वातावरण यह पूरे समाज में घर किये हुए था। इसका खामियाजा प्रत्यक्ष औरतों को झेलना पड़ता था और परोक्ष रूप से इसका असर पूरे घर और समाज पर भी पड़ता ही था। जच्चाओं का मरना आम बात थी। ऐसे ही समय में मां-पिताजी में उस समय खासी बातचीत हुई। मेरे पिता जो स्वयं अपनी पूर्व पत्नी की मृत्यु से आहत थे, अब और शादी न करने का फैसला ले चुके थे। मां से मुलाकात और बातचीत के बाद उन्होंने शादी के लिए हां कह दी और भाभी ने भाईजी के समक्ष अपनी शादी की एक ही शर्त रखी कि 'मैं अपने बच्चों को पढ़ाना चाहती हूं।' अपनी पढ़ाई की कमी को उन्होंने अपने बच्चों की पढ़ाई में पूरी करने की इच्छा जाहिर की।

भाईजी और भाभी की शादी बड़ी अजीब हालातों में हुई। छोटी उम्र में भाभी परित्यक्ता थी तो भाईजी विधुर थे। संयोग से हमारे किसी मौसा की मध्यस्थता से दोनों का विवाह हुआ और विवाह पूर्व दोनों ने एक-दूसरे को देखा और बातचीत की।

भाईजी ने कहा, ''मैं तो कमाकर लाऊंगा, उन्हें पढ़ाने की जिम्मेदारी तुम्हारी ही रहेगी।'' यह कहकर उन्होंने भाभी को आश्वस्त किया कि वे उनके अधूरे सपने को पूरा करने में साथ रहेंगे। नाना-नानी ने पहले ही इस रिश्ते के लिए हां कर चुके थे। अतः इस तरह मां-पिताजी की शादी सादगी से सम्पन्न हो गयी और वे दुल्हन बनकर खुर्जा गांव (उत्तर प्रदेश) से दिल्ली मछलीवालान आ गयीं। मां की शादी के बाद इसी मोहल्ले में मौसी की शादी भी कर दी गयी। छोटे मामा अपनी बहन के साथ ही दिल्ली आ गये। भाईजी का भी अपने साले में प्रेम पड़ गया और उनकी गृहस्थी चल पड़ी। भाभी ने भाईजी के उदास घर को

रंगीन दुनिया में बदल दिया तो खुद के अपने जीवन को भी सुरक्षा और प्यार के अहसास से लबालब भर लिया। पूर्व पति की बेवफाई के जहर से वे उबर आयीं। अतः दोनों की दूसरी शादी दोनों परिवारों के लिए खूब माफिक आ गयी।

थोड़े दिन बाद गृहस्थी में कलियां फूट पड़ीं, पुष्प खिल उठे। भाभी को पहला बेटा हुआ। आजादी की लहर के साथ जवाहर लाल नेहरू की लोकप्रिय छवि को उन्होंने अपने बेटे में निहारी और उसका नाम रख दिया जवाहर लाल। दो वर्ष बाद पैदा हुई किरण। किरण के आते ही जवाहर बीमारी के कारण अकाल मृत्यु को प्राप्त हुआ। इधर किरण थोड़ी बड़ी हुई तो राजकुमारी गोद में आ गई। फिर किरण दुनिया छोड़कर चली गयी। बड़े भाई मनोहर का जन्म हुआ और उसके बाद अनिल का जन्म हुआ। राजकुमारी तेज बुखार की चपेट में आकर दुनिया छोड़ गयी और उसके बाद फिर अनिल भी चल बसा। चार फूल झरझराकर झड़ गये।

भाभी को उन बच्चों की मृत्यु ने तोड़कर रख दिया। अपने चार बच्चे खो दिये थे। वह उदास रहने लगी। पिताजी बताते थे कि भाभी को सोने के जेवर पहनने का बहुत शौक था। दलित समाज गरीबी के कारण केवल चांदी के जेवर पहनने तक शोक पूरे करता था। परन्तु भाभी घर के काम के बाद चप्पलों की पट्टियां सिल-सिलकर जो पैसा कमाती थी उन्हीं पैसों को जोड़-जोडकर अपने लिए सोने के जेवर बना लेती। इस तरह उन्होंने अपने खून-पसीने की कमाई से बीस तोला सोना बना लिया था। भाईजी सिलाई मास्टर थे और किसी फैक्टरी में काम किया करते थे। उन्हें भी फैक्टरी मालिक बनने की बड़ी धुन थी। अपने सपनों को रंग देने के लिए भाईजी ने टाइयों की फैक्टरी खोल ली। उनके पास जमापूंजी उतनी नहीं थी अतः एक बार भाभी का सारे गहने गिरवी रख दिये। गिरवी रखे जेवरों के लिए कोई लिखा-पढ़ी भी नहीं की गयी। कुछ महीनों बाद जब भाईजी का काम चल निकला तो जेवर छुड़ाने की तैयारी होने लगी। भाभी बहुत खुश थी। भाईजी अपने मित्र को साथ लेकर बनिये से अपने जेवर छुड़ाने ही जा रहे थे कि उन्हें पता चला कि उस बनिये का देहांत हो गया। भाईजी ने जेवर छुड़वाने की काफी कोशिश की, लेकिन बनिये के परिवार ने जेबर देने से इनकार कर दिया। दोनों पक्षों में काफी झगड़ा हुआ। बनिये परिवार की बदनीयति के कारण वह सोना डूब गया। भाभी को यह सब देखकर बहुत धक्का लगा। दूसरा धक्का था कि उसी दौरान मुस्लिम लैंडलार्ड द्वारा हमारी बस्ती भी उठा दी थी। इस बस्ती के उजड़ने के बाद हमने कई मकान किराये पर बदले।

भाईजी-भाभी को मेहनत की कमाई पर भावनाओं का उबाल था उस पर लगी लगाई फैक्टरी, बड़ी शिद्दत से तिनका-तिनका चुनकर बनायी गृहस्थी, तूफान के एक झोके से बिखर गयी। इन सब घटनाओं ने जीवन को क्षत-विक्षत कर डाला। भाईजी के धैर्य और प्यार ने उन्हें बहुत संभाला। वे गजब के धैर्यवान व्यक्ति थे। उन्होंने फिर से जिंदगी के संघर्ष पथ पर चलने की तैयारी करके पुरानी जिंदगी को अलविदा कर दिया। भाभी फिर से उत्साह से भर अपनी जिंदगी में वापस लौटी।

बाबा, भाभी, भाईजी तीनों फिर से अपने कर्मयोग की चक्की में जुट गये। पिताजी ने नौकरी कर ली। बाबा केले बेचने जाते और मां अपनी नई गृहस्थी में फिर से एक के बाद पैदा हुए बच्चों के पालन-पोषण में जुट गयी। अब वह पहले से ज्यादा सजग और कौशलपूर्ण जीवन बिताने का संकल्प ले रही थी। पैसा-पैसा जोड़ कर भाभी, भाईजी और बाबा ने पचास गज का एक प्लाट खरीदा। इस प्लाट के पड़ोस में एक जाट परिवार था तो दूसरी ओर पंजाबी ब्राह्मण। जैसे-तैसे उसमें दो कमरे बनाये गये। एक कमरा बाबा के लिए और एक हम सबके लिए। जब वह मकान बन रहा था तो पड़ोसन जाति से जाट महिला दया चौधरी को हमारा यह मकान बनाना बेहद नागवार गुजर रहा था। उसने कारपोरेशन के कर्मचारियों को भड़काकर हमारे घर भेजा। उन कर्मचारियों ने भाईजी से अच्छी खासी तगड़ी रकम रिश्वत की मांग की। भाइजी ने उनके लिए यहां-वहां से पैसा इकट्ठा करके रिश्वत जमा की। इससे पहले कि वो रकम उस कर्मचारी को पहुंचाई जाती, वह किसी से रिश्वत लेता सरेआम पकड़ा गया और उसे एक साल की सजा हो गयी। भाईजी ने सोचा सिर से बला टल गयी है। परन्तु यह न समझे थे कि यह एक बड़े तूफान की भूमिका थी।

भाभी फिर गर्भवती थी। इधर हमारी पड़ोसन दया चौधरी, जो निःसंतान थी वह वेशक अंगूठा छाप थी परन्तु अपनी 'जाति' और अपने भाइयों की हैसियत की ऐंठ में मोहल्ले में किसी को कुछ नहीं समझती थी। उसने अपने कुछ कमरे किराये पर दिये हुए थे उसी घर के किराये के बल पर वह शेरनी बनी अपने किरायेदारों पर हुकूमत चलाती और मोहल्ले के बच्चों को हड़काती रहती। हमारा घर उससे ऊंचा और साफ-सुथरा कैसे बना, यह वह सह न सकती थी। रात-दिन वह हमें गाली बकती रहती 'चमारों के दिन आ गये हैं। इसका घर न तुड़वाया तो मेरा नाम दया नहीं। इसके पूत मरे, इसकी छोरियन (लड़कियों) को'... पता नहीं क्यों वो हम सबकी जान के पीछे पड़ी रहती थी।

एक दिन जब मैं अपनी छोटी बहन पुष्पा को साथ लेकर स्कूल से वापस घर आ रही थी तो देखा हमारे घर से तीन गली पहले से ही लोग ग्रुप बना-बनाकर बातें कर रहे थे। हम जैसे ही घर पहुंचे तो देखा सारी भीड़ हमारे घर के अंदर दरवाजे पर, दरवाजे के बाहर, यहां तक पूरी गली में उमड़ी पड़ी है। हमारा पूरा घर बड़ी बेरहमी से तहस-नहस कर दिया गया था। आंगन में भाभी बेहोश पड़ी थी। बड़ा भाई मनोहर छोटी बहन को गोद में लेकर रोते हुए खड़ा था। छोटा भाई अशोक जोर-जोर से रो रहा था। जैसे ही हम घर पहुंचे, हम भी बेहोश मां को देख-देखकर रोने लगे। हमारे एक पड़ोसी से हमारा संवाद ही नहीं था। दूसरा पड़ोसी था हिमाचली ब्राह्मण। आंटी ने हम सब बच्चों को अपने घर में ले लिया। भाभी के मुंह पर पानी के छींटे डालकर उन्हें होश में लाया गया। उस समय पड़ोस के हिमाचली परिवार ने हमारी खूब मदद की। हमें अपने घर में ले जाकर गर्म-गर्म खाना बनाकर खिलाया। मां को चाय बना पिलायी। आंटी ने उन्हें बहुत प्यार से समझाया कि उन्हें कुछ हो गया तो बच्चों का क्या होगा? मकान तो फिर बन जाएगा। चार बजे तक भाईजी और बाबा भी आ गये, उन्हें देखकर भाभी फिर से फफक-फफककर रो पड़ी और भाईजी की आंखें भर आयीं। नाराज होकर घर से भागे हुए हमारे चाचा की खबर अचानक भाईजी को एक दिन पहले किसी से मिली थी कि तुम्हारा भाई अस्पताल में देखा गया है। उन्हें लेने आज भाभी-भाईजी अस्पताल जाने वाले थे। इस घटना के तीसरे दिन पिताजी अस्पताल गये तो पता चला कि उसी दिन उनकी मौत हो गयी थी जिस दिन हमारा मकान तोड़ा गया था। उनका कोई रिश्तेदार या पहचान न होने के कारण उनकी अंत्येष्टि भी सरकार द्वारा कर दी गयी।

हमारे टूटे मकान को देखने हमारी दलित बस्ती वाले लोग झुंड बना-बनाकर आये। उन्होंने भाईजी को समझाया कि ये ऊंची जात वाले तुम्हें यहां नहीं रहने देंगे। इस चौधरन से तुम कैसे निपटोगे? कथित मनहूस के पड़ोस में रहने से बरबादी के सिवा कुछ न मिलेगा। वह इतनी निर्दयी थी कि हम बच्चे डर के मारे उसकी मुंडेर को भी नहीं छूते थे। इतना बड़ा हादसा घट जाने के बाद भी दया आंटी बेदया बनी रही थी। वह शांत और मगन होकर चारों तरफ हथिनी की तरह घूम रही थी। उसने हमारे साथ कोई संवेदना जाहिर नहीं की।

हादसों का कोई अंत नहीं था। हमारी पढ़ाई भी भाईजी को देखनी थी और भाभी को भी अभी थोड़े सहारे की जरूरत थी। भाईजी ने कर्ज लेकर फिर से घर बनाया। अब यह घर पहले जैसा नहीं था। हालांकि इस घर में हमें बहुत अच्छा लगता था। बहुत अच्छा बना हुआ था।

हिमाचली आंटी की दो बेटियां एक बेटा था। बड़ी बेटी का नाम बेबी था छोटी का नाम निशा और बेटे का नाम डब्बू था। डब्बू सबसे छोटा था। उसे पतंग उड़ाने का बहुत शौक था। मनोहर, डब्बू की पतंग उड़ाने में मदद करता। बेबी और निशा कभी-कभी मुझसे बात करती थीं। मैं शायद छठी कक्षा में थी। बेबी ग्यारहवीं में और निशा नौवीं में थीं। वह मुझसे कहती, पढ़ाई में मदद चाहिए तो बता देना। वह परिवार हिमाचली ब्राह्मण था लेकिन बहुत सरल स्वभाव था। हमारी जाति की जानकारी के बावजूद वे किसी तरह का जातिभेद हमारे साथ नहीं करते थे।

भाईजी ने अपनी बिरादरी के मोहल्ले में ही नया घर बनाने पर विचार बना लिया, अतः उसी मोहल्ले में किराये का घर ले लिया।

रणसिंह भाई का अपना घर था, अतः हम उसके साथ अलग से एक कमरे में रहने लगे। इसी दौरान सबसे छोटा भाई मनोज यहां पैदा हुआ। पुराना घर बेचकर भाईजी ने इसी गली के नुक्कड़ वाले घर को खरीद लिया। घर की आर्थिक स्थिति को उन्नत करने हेतु मां लिफाफे बनाई पर बनाती यानी कि कोई पंजाबी बंदा हमारे घर रद्दी देकर जाता था, हम उस रद्दी को साफ-सुथरा छांट कर एवं काटकर उसके लिफाफे बनाते। इन दिनों हाथ बहुत तंग था। कई घर बदल गये थे, हर बार घर बेचकर हमारी माली हालत और कमजोर हो रही थी। बाबा ने भी केले बेचने छोड़ दिये थे, वो कमजोर और बूढ़े हो गये थे। चाचा की मृत्यु एवं घर टूटने के सदमों से बाबा उबर नहीं पाये और उन्होंने खाट पकड़ ली थी। मनोज के पैदा होने के कुछ समय बाद ही बाबा चल बसे थे।

बाबा बहुत मेहनती थे। अपने जीवन के उतार-चढ़ाव से वे थक गये थे। उनकी उम्र भी बहुत हो गयी। अपने जीवन के अंतिम दो सप्ताह वे बहुत बेचैन थे। भाभी उन्हें सुबह-शाम वक्त पर खाना दे देती थी, उनकी सेवा भी करती थी। बाबा ने स्नान करना छोड़ दिया था अतः उनके कपड़ों में जूं हो गयी थीं। भाभी जबरदस्ती करके उनके कपड़े बदलवाती थी। इस काम में रणसिंह भाई बहुत मदद करते थे। उनके कपड़ों को भाभी साबुन के उबले हुए पानी में भिगोकर डंडों से कूट-कूटकर धोती थी। धोते समय जुएं देख-देखकर हम बच्चों को उबकाई आती थी। तब हमें रणसिंह भाई डांट-डांटकर नल चलाने को कहते और खुद सामने खड़े होकर खूब खुले पानी में कपड़े निथरवाते। बाबा का अंतिम समय था यह भाईजी को पता नहीं था। वे सोनीपत-जाखोली जो दिल्ली से बीसियों मील दूर था, एक दिन भाईजी अपनी पुरानी ससुराल चले गये। उनके जाते ही

अचानक बाबा की तबीयत बहुत खराब हो गयी। भाभी ने उस दिन घर में गोश्त पकाया था। उन्हें गोश्त से रोटी के कौर खिलाये। वह दृश्य आज तक मेरी आंखों में तैर जाता है। बाबा का सिर मां की गोद में था। वह उन्हें रोटी के कौर खिला रही थी। आस-पास के लोग आ जुटे थे। सब कह रहे थे अरे बूढ़े को गोस्त मत दो। उसे गंगाजल पिलाओ। बाबा 'दिलवा' 'दिलवा' पुकार रहे थे। रणसिंह भाई ने उसी शाम को रिश्ते के एक चाचा को गोरधन सोनीपत रवाना कर दिया। भाईजी जब तक वापस आये तब तक बाबा के प्राण-पखेरू उड़ चुके थे। बाबा को देखकर भाईजी खूब रोये और कहने लगे, मैं रात को आपको सपने में देख रहा था कि कोई काले कपड़े पहनकर मेरी तरफ आ रहा है। मैं उठकर बैठ गया तभी गोरधन पहुंच गया (चाचा जिसे उन्हें लेने भेजा था)। भाईजी के आने के बाद खूब रुदन हुआ। वे स्वयं बहुत रोये। वे स्वयं को अपराधी महसूस कर रहे थे। क्रियाकर्म की तैयारी की गयी। उनकी अर्थी सजायी गयी। भाईजी रोते हुए कह रहे थे, मैं अपने बाप के अंतिम समय में क्यों चला गया। घर में रोआराट मचा था। मौसी व उसके देवर मछलीवालान के रहने वाले पुराने पड़ोसी और रघुवरपुरे के सब लोगों की मौजूदगी में उनकी शवयात्रा निकली थी। बाबा के जाने के बाद न केवल उनका सारा सामान निकाल-निकालकर सफाई कर्मचारी को दे दिया गया बल्कि पूरे घर की धुलाई की गयी।

तीसरे दिन तीजा नाम का संस्कार हुआ जिसमें खिचड़ी बनायी गयी। सभी मोहल्ले के लोगों ने खिचड़ी खायी। तेहरवें दिन तेहरवीं की रस्म की गयी जिसमें पक्का खाना–पूड़ी, सब्जी, रायता व लड्डू भी परोसे गये, यह मानकर कि बाबा भरा-पूरा परिवार छोड़कर गये हैं उनकी आत्मा को शांति मिले।

❐

जीवन की नयी करवट

रणसिंह भाई के किराये के घर से हम अपने घर में रघुवरपुरा, गली नं. 2 में आ गये। हमारे मोहल्ले की औरतें गोबर थापने जाती थीं और साथ में अपनी लड़कियों को भी ले जाती थीं लेकिन हमारी भाभी घर में ही रहकर कागज के लिफाफे बनाती थी। हम सब बच्चों ने भी लिफाफे बनाना सीख लिया था। हमारी मां मुंहअंधेरे उठकर चूल्हा जलाती और सुबह सबको तैयार करके स्कूल भेजती। दोपहर का खाना बनाकर, कपड़े धोकर साफ-सफाई के घरेलू काम निपटाकर काम करने बैठ जाती। हम स्कूल से आकर खाना खाकर उनके साथ लिफाफे बनाने बैठ जाते। हमारे घर का ये ही हाल था, आमदनी कम खर्चा ज्यादा। घर की आमदनी बढ़ाने में हमारी मां भी अपनी भूमिका निभा रही थी। मां को पढ़ने का बहुत शौक था। समय निकालकर वे अखबार, उपन्यास पढ़ती थीं। शाम पांच बजे जब वो लिफाफे का काम बंद करके रखतीं तब हमें घर से बाहर गली में बच्चों के साथ खेलने के लिए भेज देतीं। अपने-अपने परिवार के बड़े-बड़े बच्चे अपने-अपने छोटे भाई-बहनों को गोद में उठाकर खेलने जाते या उन्हें आस-पास गली में ही बैठाकर खेल लेते।

हमारे मोहल्ले की ज्यादातर औरतें घाघरा, ब्लाउज और एक ओढ़नी दिन भर पहने रहतीं। 'घाघरा' आज से 50-60 वर्ष पहले दलित समाज की महिलायें पहनती थीं। घाघरा तो यूंही कहा जाता है वास्तव में वो पेटीकोट पहनती थी और उसके उपर कुर्ती और ओढ़नी लेती थीं। यह पहनावा आज भी सांस्कृतिक रूप से पिछड़ी अन्य उप-जातियों में जैसे—रैगर, बेडिनी, सांसी, कालबेलिया, राजस्थानी स्त्रियों द्वारा पहना जाता है। साड़ी पहनना सुसंस्कृत माना गया। सीधे पल्ले की धोती उत्तर भारत में ज्यादातर दलित महिलायें पहनती हैं। कभी-कभी वे तीन-चार दिन में नहाकर ही कपड़े बदलतीं, ऐसा ही वे अपने बच्चों के साथ

भी करतीं। हमारी भाभी हमें रोज नहलाती और खुद भी रोज नहाकर कभी सूट तो कभी धोती (सूती साड़ी) पहनती। अपने बाल संवारकर लिपस्टिक, बिंदी लगाती तो आसपास की औरतें ईर्ष्या से जल-भुनकर बड़बड़ाती और कहतीं–'बड़ी बामणी समझती है खुद को'। गली की औरतें जब गोबर पाथने जातीं और लड़कियों को साथ ले जातीं तो उन्हें टोककर रोकती और कहती, 'चम्पा, बिरमो तुम जो काम कर रही हो इन लड़कियों से मत करवाओ। इन्हें स्कूल भेजो' पढ़ाओ-लिखाओ, इन्हें ऐसा बनाओ कि गोबर थापने का काम इन्हें न करना पड़े।'

भाभी के समझाने पर वे उन्हें उल्टा ताना मारतीं और कहतीं, 'हमारी छोरी सुर्खी-लिपस्टिक लगाकर खस्मों को कहां रिझायेंगी? वो भी हमारी तरह गोबर थापकर पेट की धोणी भरेंगी।' कहते हुए दुखी होकर अपनी किस्मत को कोसतीं।

भाभी फिर कहती, 'समझाना हमारा फर्ज है बाकी तुम जानो।'

भाभी के समझाने का असर देर में सही, पर बहुत हुआ। धीरे-धीरे कुछ लड़कियों को एक-दूसरे की देखा-देखी स्कूल में दाखिला दिला दिया गया।

हम स्कूल के साथ-साथ घर में भाभी का भी हाथ बंटाते थे। लिफाफे बनाने के काम से घर की आमदनी बढ़ती थी। लिफाफे बनवाने वाले मालिक पंजाबी थे और वे धर्मपुरा में रहते थे। धर्मपुरा और अजीत नगर रघुवरपुरा से करीब दो-तीन कि.मी. दूर होगा। हमारी भाभी लिफाफे की गठरी जिसमें दो हजार लिफाफों की गड्डियां होतीं, चादर के अंदर सलीके से बांध देती। एक गठरी मनोहर के सिर पर रख देती और एक गठरी मेरे सिर पर। डेढ़ हजार की लिफाफे की गड्डियों की गठरी मेरे सिर पर रख देती। हम दोनों बहन-भाई धीरे-धीरे चलते हुए धर्मपुरा तक जाते। वजन से मेरी गर्दन टेढ़ी हो जाती लेकिन हमने कभी अपनी मां का प्रतिकार नहीं किया कि हम इतना वजन उठाकर नहीं जायेंगे। न कभी बहाना ही बनाया ना नखरे दिखाये... क्योंकि हमारी दुनिया में घर... काम... मां... पिताजी थे, उनका कहना मानना ही हमारा जीवन था। काम करना हमारी दिनचर्या का हिस्सा था। जब हम धर्मपुरा जाते तो रास्ते में हमें एक पीरबाबा का थड़ा मिलता था। हम दोनों बहन-भाई जाते समय और आते समय सिर झुकाकर उसे जरूर नमन करते।

भाभी धार्मिक विचारों की सुघढ़ गृहिणी थी। उसके हाथ में भरपूर कलात्मकता थी। हमारे पिता टाइयां और ब्रा सिलने के एक्सपर्ट थे तो भाभी उन टाइयों को पलटकर सीधा करती। कुछ समय बाद पिताजी फैब्रीकेटर बने। फेब्रीकेशन में

सिलाई के आइटम बदलते रहते थे। हमारे यहां कभी बाबा सूट, कभी मर्दानी कमीजें तो कभी निकर सिले जाते। जिन दिनों पिताजी का फेब्रीकेशन चलता उन दिनों घर में लिफाफों का काम बंद कर दिया जाता क्योंकि भाभी निक्करों के दोनों पायचों में स्वयं तुरपाई कर लेती ताकि बाहर पैसे न देने पड़ें और पैसा घर में बच जाए। काज-बटन भी स्वयं ही कर लेती थी। भाईजी तैयार पोशाक को प्रेस करते तो मां फिनिशिंग करके उन्हें अच्छे से पैंकिंग करती रहती। हम सब बच्चे उसके आसपास मंडराते रहते। भाभी हमें शोर मचाने से रोकने के लिए सबको कटोरी में कुछ न कुछ खाने को दे देती। कभी मुरमुरे, कभी चने तो कभी मीठी खील ताकि हम शांत रहकर उन्हें काम पूरा करने दें लेकिन हम लोग आसपास ही बने रहते। दिनभर का काम निपटाकर भाभी शाम को हमें खेलने भेज देती और रात का खाना बनाकर हमें सुला देती और स्वयं क्रोशिये से कुछ न कुछ बुनती रहती।

उन्होंने एक बार हरे गुलाबी मोतियों का बहुत सुंदर बैग बनाया। क्रोशिये से ब्लाउज बहुत सुन्दर, पेटीकोट के घेरे में क्रोशिये से की बेल की बुनी झालरें लगाती थी। सर्दियों में स्वेटर बुनती थी बची हुई ऊन से रंग-बिरंगे गुड्डे-गुड़िया बनाती तो उनकी बनायी गुडिया बोल उठती। हम सब बहन-भाइयों के तकिये और चादर रंग-बिरंगे धागों से कढ़ाई किये होते। उन्हें बहुत हौस था कि उनका घर एक साफ-सुथरा घर हो और उनके बच्चे साफ धुले कपड़े पहनें, स्कूल जायें और अपने जीवन में 'कुछ' बनें। शाम को खेल कर लौटने के बाद हमें ट्यूशन भेज देती। रात को जब हम ट्यूशन पढ़कर वापस घर आते तो भी वो क्रोशिये से कुछ न कुछ बुनती नजर आती। भाभी घरेलू कामों में हुनरमंद थी तो भाईजी बाहरी कामों में। समय निकालकर दोनों ही उपन्यास-कहानी भी पढ़ते। समय मिले न मिले, भाईजी अखबार पढ़े बगैर कभी नहीं रहते थे। अखबार पढ़ना उनकी दिनचर्या में चाय की चुस्की की तरह था। भाईजी का धैर्य जीवट था। भाभी का मिजाज बहुत तेज था और वह उपहास बिल्कुल सहन नहीं कर पाती थी। भाइजी को शराब की लत थी। भाभी को उनका यह कृत्य बिल्कुल भी पसंद नहीं था। हालांकि भाईजी भाभी की बातें बहुत मानते थे फिर भी उनकी शराब पीने की लत उन पर हावी हो जाती। कभी-कभी वो शराब हमारी मां से लड़ने के लिए ही पी लेते। उनके मर्द दोस्त उन्हें भड़काते, 'तू हमें देख हम कितनी शान से रहते हैं। हम कुछ भी करें हमारी बीवी की हिम्मत नहीं कि वो हमसे

चूं भी कर सके।'' भाईजी के वो मर्द दोस्त हमारी मां के आगे-पीछे घूमते भी रहते और कहते, ''बब्बू की मां, तुम बहुत सुघड़ हो, हमारी औरतों को भी थोड़ी-सी अक्ल दे दो।'' हमारी मां झट से कह उठती, ''तुम भी अपनी औरत की इज्जत करो, उनसे प्यार करो, कुछ काम-धंधे में लगो, घर खर्च के लिए कमाई करो। अपनी औरत के सिर से छीतरी (गोबर की टोकरी) उतारो। तुम कैसे मर्द हो? रात-दिन जुआ खेलते हो, शराब पीते हो तुम्हारे बच्चे गली-गली घूमते-फिरते हैं। बेचारी तुम्हारी लुगाई रात-दिन मेहनत करती है।''

हमारे बस्ती के ज्यादातर मर्द बुरी आदतों के शिकार थे। अधिकांश मर्दों को शराब पीने की बुरी लत थी। कोई शराब बेचता था, कोई जुआ खिलवाता था या सट्टा लगवाता था। औरतें मुंहअंधेरे काम करने चली जातीं। बच्चे कच्चे उठकर खुद ही चूल्हे में कंडे-लकड़ी लगाकर चाय बनाते और फिर गंदे कपड़ों में ही स्कूल चले जाते। इन बच्चों के पिता कभी उठकर भी नहीं देखते कि बच्चे स्कूल गये या नहीं। उन्होंने चाय पी या नहीं। हमारा परिवार इस तरह की जिंदगी से अलग था। भाभी ही नाश्ता बनाती, हमें तैयार करके हमें स्कूल भेजती। भाईजी भी घर में आराम से उठते, अखबार पढ़ते, चाय पीते। भाईजी और भाभी खूब बात करते, मजाक करते। आने वाले जीवन के बारे में बातचीत करते रहते थे।

भाईजी भाभी को अक्सर सलाह देते, 'तू मुहल्ले की औरतों में अपना सिर मत खपाया कर। ये नहीं सुधरने वाली।' भाभी अपना काम अविराम करती रहती। भाभी को बचत करने का भी बहुत शौक था। दिवाली के अवसर पर जन्माष्टमी और होली पर विशेष पकवान बनाती। अपने बचत करने की आदत से ही वे साल भर चीनी जोड़ती रहतीं। हर माह राशन की चीनी से एक बड़ी कटोरी चीनी निकालकर किसी बड़े डिब्बे में रख देतीं। दिवाली आने पर एकत्रित चीनी से मीठे खिलौनें बताशे बनवातीं। होली पर तरह-तरह के दालसेव, फुलबड़ियां, पापड़ तोड़ती-सुखाती और डिब्बों में भरकर रख देतीं।

बस्ती के लोगों को हम चाचा, बुआ कहकर पुकारते थे ऐसा लगता था कि ये हमारे सगे रिश्तेदार हैं। रामचन्दर चाचा और उसकी बहन मोहनवती सब्जी बेचने का काम करते थे। वे गांधीनगर के सब्जी बाजार में जो मुहल्ले से तीन किलोमीटर दूर था, सुबह-सुबह वहां जाकर सब्जी बेचते थे। मोहनवती बुआ का पति और चाचा रामचन्दर सुबह चार बजे उठकर बड़ी मंडी जाकर सब्जी ढोकर लाते। जब वे दोनों सब्जी-भाजी लेकर आते तो उन्हें चबूतरे-थड़े पर लगाते तब

तक चाची और बुआ अपने थड़े पर पहुंच जाती थी। इस बस्ती में सभी बच्चे अपने पिताजी को चाचा कहते थे क्योंकि संयुक्त परिवार के कारण उन्हें वही सुनने को मिला। इसलिए हम भी अपनी मां जिसे 'भाभी' और पिताजी को भाईजी कहते थे क्योंकि हमारे मुहल्ले में सब उन्हें भाईजी कहते थे। अतः बस्ती में एक बुजुर्ग जिनकी केवल एक बेटी थी, उनकी बेटी को बहन बना लिया। उसका नाम था लक्ष्मी। लक्ष्मी तब छह वर्ष की होगी जब पिताजी की शादी मां से हुई थी। वह उनके घर में सगी बहन सी समझी जाने लगी। बाद में हम बच्चों ने इसी सम्बोधन को पकड़ लिया था। लक्ष्मी बुआ हमारे लिए बड़ी बहन की भूमिका अदा कर रही थीं। उनके मां-बाप भी हमारे दादा-दादी बन गये थे। हालांकि हमारे सगे दादा मौजूद थे। हमारे दो-दो दादा हो गये। मंगल बाबा भजनी थे, भजन मंडली में गायन करते थे। वे इकतारा बजाते थे। बहुत ही सुन्दर धुन निकलती थी। उनकी मंडली में कोई मंजीरा, कोई ढपली तो कोई ढोलक बजाता था। मंगल बाबा गाते थे और इकतारा बजाते-बजाते गाते। उन्होंने लक्ष्मी बुआ की शादी जल्दी ही कर दी थी। भाभी लक्ष्मी से बहुत प्यार करती थी। लक्ष्मी भी भाभी का खूब आदर करती थी। भाभी बुआ को सभी त्यौहारों पर बुलाना-चलाना किया करती थी। किन्तु कभी-कभी मनुष्य की जरूरतें उसे स्वार्थी बना देती हैं।

ऐसा ही व्यवहार बुआ ने एक बार हमारे साथ किया जो उन्हें उल्टा चांटा बनाकर उनके मुंह पर जोर से लगा। एक बार भाभी ने लक्ष्मी के पास खबर भेजी कि बहुत दिन हो गये मिलने आ जाओ। उधर उनके पिता मंगल बाबा बीमार हो गये। मंगल बाबा के मुझमें प्राण बसते थे। मैं ही हर शाम उनके पास जाती थी। वे मेरे लिए खाने के लिए कुछ न कुछ लेकर जरूर आते थे। भाभी के हलकारे पर लक्ष्मी बुआ ने कहलवा कर भेज दिया कि वो अभी नहीं आयेगी क्योंकि उसने कोई ताबीज बांधा हुआ है। मौलवी ने लोगों से मिलने को मना किया है। भाभी को यह बात बहुत बुरी लगी और उन्होंने यह बात भाईजी को बतायी। भाईजी ने कहा कोई बात नहीं, हम दोनों चलकर मिल आयेंगे। इस पर भाभी और कुपित हो गयी। उसे गुस्सा आ गया और गुस्से में उसने दादी को बुलाकर बुआ के बारे में दो-चार खरी-खरी बातें सुनायीं।

"क्या हम गैर हैं उसके लिए? हम बाहर के आदमी कब से हो गये उसके लिए? छोरी को दिन लग गये हैं। मुल्लों के चक्कर में पड़ गयी है उसे समझाओ।" दादी को भी सुनकर बहुत बुरा लगा और उन्होंने भी भाभी को समझाया, "आने

दे इस बार, उससे बात करूंगी। कभी तो आयेगी मिलने तभी बात करेंगे।'' अचानक तीन दिन बाद मंगल दादा गुजर गये। बुआ रोती हुई आयी। भाभी के गले लगकर रोने लगी तो भाभी ने उसका साथ नहीं दिया। पत्थर की तरह उसे गले लगे-लगे रोने दिया। भाभी का गुस्सा मुश्किल से ही शांत होता था। भाभी उसे अपनी बेटी की तरह ही मानती थी, उसके व्यवहार से बहुत दुखी थी। ऐसा ही एक गुस्सा उनका एक और रिश्तेदार की घटिया हरकत पर आया था। हमारे भाईजी के पहली ससुराल का एक रिश्तेदार सोनीपत से प्याज का ट्रक लेकर आया। उसने भाभी से पूछे बिना सारा प्याज हमारे दो कमरों में से एक कमरे में लबालब भर दिया। भाभी चुप रही। हम सब बच्चे भी कौतूहल से सब देखते रहे। जब तीन-चार दिन हो गये तो चुन्नी मामा आया और दस किलो प्याज किसी को देकर चलते बना। भाभी ने कहा, ''भैया, ये प्याज हटाओ, कब तक यहां पड़ी रहेगी?'' चुन्नी मामा ने घूरते हुए कहा, ''ये मेरे जीजा का घर है। तू कौन होती है मुझसे पूछने वाली?''

भाभी ने फिर प्यार से कहा, ''भैया, वो तेरे जीजा हैं तो मैं तेरी बहन हुई न? ये बच्चे तेरे भानजे-भानजी हैं। इन्हें तकलीफ क्यों दे रहा है? कल सारा प्याज उठा ले। आराम से कह रही हूं। ये हमारा घर है कोई स्टोर तो नहीं न?'' चुन्नी मामा अगले दिन सुबह भाईजी से भाभी की चुगली करने आ गये। और कहने लगे, ''अभी हफ्ता-दस दिन प्याज यहीं रहेगी। छोरी बड़ी बदतमीज है मुझे कह रही थी कि मैं प्याज आज ही उठा लूं।'' भाभी ने भी भाईजी से कह दिया, ''सुनो जी, इसे कह दो आज शाम चार बजे तक प्याज नहीं उठाया तो सड़क पर फेंक दूंगी।'' भाईजी लोकलाज में दबे शब्दों में कहने लगे, ''यार, एकाध दिन में उठा लेगा दो दिन और सही, थोड़ा धीरज रख लें।'' भाभी चुप हो गयी पर चुन्नी मामा भड़क उठा।

''वाह! जीजा तुमने हद कर दी? छोरी को इतना सिर चढ़ा रखा है।''

आखिरकार भाईजी को कहना पड़ा, ''दोनों भाई-बहन आपस में सुलट लो मैं तो काम पर जा रहा हूं।'' फिर वही हुआ जो भाभी चाहती थी।

भाभी ने उसे चेता दिया कि शाम को चार बजे आकर प्याज नहीं उठायेगा तो वह सड़क पर फेंक देगी या लोगों में बांट देगी। भाभी वही करने वाली थी वो जो कहती थी वही करती थी। चार बजे चुन्नी मामा के आने के वक्त प्याज बाहर फेंकने की तैयारी कर ली। सही वक्त पर चुन्नी मामा एक ट्रक ले आये

और अपना सारा प्याज भरकर ले गये। चलते समय में उन्होंने हमें मुड़कर भी नहीं देखा। भाभी ने भी बड़बड़ाते हुए पूरे कमरे की सफाई की। भाभी जिस जमाने में जिस खुद्दारी से जी रही थी वैसी खुद्दारी औरतों के लिए अकल्पनीय थी, क्योंकि ज्यादातर औरत का अपने ही घर में अपना वजूद कुछ नहीं होता था। हमारे मां-बाप के स्वभाव ही हम बच्चों में संस्कार बनकर उभरे हैं।

मैं जब तक आठवीं में आ गयी थी भाईजी ने नौकरी छोड़कर अपनी सिलाई फैक्टरी खोल ली थी जिससे हमें बहुत नुकसान हुआ। आठवीं के बाद भाईजी ने मेरी पढ़ाई बंद करने का मन बना लिया था।

मेरे नौवीं में आते ही भाभी बीमार हो गयीं। उनकी बीमारी विक्षिप्तता में बदल गयी और वे बहुत ज्यादा बीमार हो गयीं। इस बीमारी की हालत में उन्हें पढ़ाई-लिखाई से नफरत हो गयी। भाईजी ने उनका इलाज भगत, भूत-प्रेत-झाड़ा सब कराया और डॉक्टर को भी दिखाया, परन्तु वे ठीक नहीं हुई। बड़ा भाई मनोहर, पिता के साथ काम सीखने जाने लगा था। मैं अपनी बहनों में सबसे बड़ी होने के नाते सारे घर का खाना बनाने से लेकर बर्तन धोना, कपड़े धोना सब काम करने लगी। हमारे रिश्तेदार मां को देखने आते और मुझसे पढ़ाई छोड़ने को कहते, खासतौर से मेरी सगी मौसी मुझे बहुत समझाती कि अपनी मां की देखभाल कर ले रज्जो, पढ़ाई में क्या रखा है। मैं दबे स्वर में मौसी से कहती, "मैं सब काम करके ही तो पढ़ रही हूं... आपको मेरी पढ़ाई से एतराज क्यों हैं?" लोगों से बहस करते-करते मैं मुखर हो गयी, जबकि हमारी मौसी बहुत अच्छी थीं। उन्हें अपनी बहन की बहुत चिंता थी। हालांकि भाभी और मौसी की कम ही पटती थी। मौसी बहुत गरीब थी, मौसा जी मजदूरी करते थे, वे ठेला चलाते थे। आगे चलकर जब हम पढ़-लिख गये तब मेरी मौसी-मौसा हमारा उदाहरण देते। हमारी तारीफ करते, हम पर गर्व करते थे। भाभी की बीमारी के कारण मौसी बहुत दुखी थी। भाभी की बीमारी दिन-प्रतिदिन बढ़ती ही जा रही थी।

एक बार की बात है परीक्षाएं चल रही थीं। पढ़ते-पढ़ते मैं अपनी किताब आसपास ही रखकर खाना बनाने के लिए अंगीठी सुलगाने चली गयी। अंगीठी सुलगाकर खाना बनाया, बर्तन वगैरह करके मैंने अपनी किताब ढूंढ़ी तो नदारद थी। तीसरे दिन सामाजिक ज्ञान का पेपर था, केवल अगला दिन ही बाकी था। भाभी से पूछा तो वह शोर मचाकर गाली देने लगी। रोना शुरू कर दिया। मैं डरकर सहम गयी।

मेरी परीक्षा चल रही थी, जिनको सबसे ज्यादा चिंता होनी चाहिए थी वह

थी भाभी लेकिन वह स्वयं इतनी बीमार थी कि स्वयं अपनी भी देखभाल नहीं कर सकती थी। एकाएक उन्हें किताबों से नफरत हो गयी थी। उन दिनों मेरी परीक्षा बहुत खराब हुई। मैं अंदर ही अंदर डर रही थी कि फेल न हो जाऊं, फेल हो जाने पर पढ़ायी निश्चित रूप से बंद कर दी जानी थी।

❑

चेतना के अंकुर

मनोहर घर में हम सबसे बड़ा था। पढ़ने-लिखने में थोड़ा होशियार था, स्वभाव से तो विनम्र, बहुत ही सीधा-साधा था। बचपन में विचारों से बहुत धार्मिक था। धार्मिक विचारों का होना भाभी व भाईजी की देन थी। किशोरावस्था पार करते-करते उसके विचारों में काफी बदलाव आया।

जब वह ग्यारहवीं में आया तो उसके लिए शादी का प्रस्ताव आ गया। उस जमाने में पढ़ते-लिखते लड़कों का रिश्ता पक्का कर लिया जाता था। मनोहर भाई का जिसके साथ रिश्ता तय होना था वह लड़की पांचवीं पास करके घर बैठ गयी थी। इस रिश्ते के लिए मनोहर ने बहुत मना किया परन्तु उसकी एक न चली। उसकी सगाई इस शर्त पर कर दी गयी कि तीन साल से पहले लड़की वाले शादी की बात नहीं करेंगे। सगाई बड़ी धूमधाम से हुई। परम्परावश लड़की वाले मनोहर की सगाई में शगुनवश अपने साथ लाये पांच सेर चावल, पांच सेर बूरा, पांच सेर सिवईं, दस सेर गेहूं, पेंट शर्ट, और 51- रुपये टीके में लाये थे। सब बहुत खुश हुए थे। हमारे सब परिचित रिश्तेदारों को प्रति व्यक्ति एक रुपया मिलाई भी दी गयी थी। सगाई में सब मिलकर खूब नाचे-गाये, खान-पान हुआ परन्तु मनोहर भाई खुश नहीं थे। उसके कुछ दोस्त भी सगाई में आये थे जो उसे कह रहे थे यार अभी पढ़ना-लिखना है, कहीं इस सगाई के बाद तेरे घरवाले शादी के पीछे न पड़ जायें।

सगाई के कुछ समय बाद हमारे घर में एक नया अनुभव आया। डॉ. अम्बेडकर और उसके मिशन के बारे में हमारी बस्ती के चाचा भगवान दास ही कुछ जानते थे। वह अक्सर लोगों से, कभी-कभी बच्चों से डॉ. अम्बेडकर के बारे में कुछ-कुछ बताते रहते थे। हमारी इस बस्ती में हर वर्ष ढोला का कार्यक्रम होता था। ढोला सांस्कृतिक कार्यक्रम जिसमें पुरुष लोग ही स्त्री और पुरुष दोनों के रोल स्वयं किया करते थे। ढोला विधा में बेहतरीन नृत्य मजाक और उसमें छुपी

एक शिक्षा होती थी। 1972 के आसपास ऐसा ही एक कार्यक्रम शाम को होना था कि इस कार्यक्रम के लिए शामियाना टांग दिया गया। कलाकारों के लिए मंच बनाया गया था। दर्शकों के लिए मंच के सामने दरी बिछा दी गयी थी। बच्चे व युवा लड़के उसी पर बैठ गये।

अधेड़ व बुजुर्ग खाट बिछाकर आसपास बैठते गये। औरतें व लड़कियां दूर से या छतों पर बैठकर देखतीं। ज्यादातर औरतें घूंघट में होतीं क्योंकि उस समय पूरी बस्ती के मर्द लोग वहां इकट्ठे हो जाते थे। रात 10 बजे से सुबह तीन-चार बजे तक यह संगीत भरा खेल मंच पर चलता। उस दिन चाचा भगवान दास ने भाई रणसिंह की सलाह करके कुछ नेता बुला लिये थे। उन नेताओं में 'डॉ. अब्बास मलिक जी ने सबके सामने भाषण दिया जिसमें उन्होंने बताया कि दिल्ली के करोलबाग की एक छात्रा प्रेमलता का ओखला स्थित कस्तूरबा गांधी हॉस्टल की हैड मास्टरनी ने बेइज्जती की थी। उसके हाथ से प्रसाद लेने से इनकार कर दिया। फिर उस लड़की की लाश कुएं में मिली। जिस कृत्य को आत्महत्या कहकर रफा-दफा करने के विरोध में जेल भरो आंदोलन चल रहा है। अतः इस बस्ती के लोगों को उसमें साथ देना चाहिए। भगवानदास जी के साथ समाज के लोगों को आना चाहिए। डॉ. अब्बास मलिक जो कि निगम पार्षद थे और आरपीआई के दिल्ली में बड़े नेता थे, अपनी बात रखकर चले गये। उनके चले जाने के बाद 'रूप-बसंत' नाटक खेला गया। इस खेल में जो दिखाया गया उसका सार यह था कि एक बूढ़े राजा ने कम उम्र की औरत से शादी की और वह युवती उसके जवान बेटे से प्यार करने की कोशिश करती है और बेटा उसे मां-मां कहकर उससे छूटने की कोशिश करता है। अंत में वह घर छोड़कर भाग जाता है। नृत्य करते हुए सूत्रधार स्त्री चरित्र की चर्चा करता रहता है।

अब्बास मलिक जी के बताये धरने प्रदर्शन में कौन गया यह तो हमें पता नहीं चला। अगले वर्ष भगवान दास चाचा ने 14 अप्रैल पर अम्बेडकर जयंती पर लालकिले से निकलने वाली जयंती की झांकी में अपनी बस्ती से एक झांकी भेजने की योजना बनायी। इसमें डॉ. अम्बेडकर बनाकर किसी को बैठाना था। इस काम के लिए रंग-रूप और कद-काठी को देखते हुए हमारे घर से मनोहर भाई को चुना गया। झांकी की कल्पना पूरी हो गयी थी। डॉ. अम्बेडकर के रूप में मनोहर को चुन लिया गया। परन्तु डॉ. अम्बेडकर जैसा कोट व चश्मा पहनते थे उसकी खोज होनी शुरू हो गयी। हालांकि बस्ती में कोट पहनने वाला कोई भी व्यक्ति नहीं था। कोट और चश्मे की व्यवस्था चाचा भगवान दास जी ने ही कहीं और से कर ली थी।

अतः वे उस दिन मनोहर को अपने साथ ले गये। जब शाम को वापस मनोहर को छोड़ने आये तो उन्होंने मनोहर की बेहद तारीफ की। उन्होंने बताया कि मनोहर डॉ. अम्बेडकर जैसा ही दीख रहा था। भाभी ने मनोहर की तारीफ सुनकर उसकी नजर उतारी तो चाचा ने कहा, "मास्टरनी, क्या अंध विश्वास में फंसी हो" बच्चा होनहार है इसकी तरक्की की दुआ करो और बाबा साहब को मानना शुरू करो।" भाभी को लोग मास्टरनी कहते थे क्योंकि भाईजी को मास्टर जी कहते थे। भाईजी टेलर से पेटर्न मेकर मास्टर जी बन गये थे, वे मास्टर जी के नाम से प्रख्यात थे इसलिए भाभी को लोग मास्टरनी भी कहते थे। मनोहर भाई पर उस दिन का बहुत गहरा प्रभाव पड़ा, वह स्लेबस के अतिरिक्त दूसरी किताबें भी पढ़ने लगे थे। कुछ महीने बाद उनकी सगाई टूट गयी क्योंकि लड़की वाले छह महीने बाद ही शादी का दबाव डालने लगे। भाईजी की बड़ी इच्छा थी कि मनोहर सरकारी नौकरी करे। मैंने भी उनकी सरकारी नौकरी लग जाने के लिए संतोषी माता का व्रत रखना शुरू किया। मैंने सुना था कि संतोषी मां के व्रत रखने से सारी मनोकामनाएं पूर्ण होती हैं, अतः हर शुक्रवार सुबह-सवेरे उठकर नहा-धोकर पूजा करती, शाम को किताब से कथा पढ़कर गुड़-चने का प्रसाद बांटती, तत्पश्चात बिना खट्टे का एक वक्त खाना खाती। पूरे साल व्रत रखकर भी कोई नौकरी की आस नहीं दिखी तो मैंने पक्का मन करके व्रत से नमस्ते कर ली। मेरी थोड़ी सी आस्था कम हो गयी थी। भाईजी मनोहर को अपने साथ काम पर ले जाने लगे। वह उनकी कपड़ों की कटिंग में मदद करता। इस बीच हमारे घर के पास रहने वाली मोहनवती जो मुरादाबादवासी थी। दिल्ली के टेलीफोन एक्सचेंज में नौकरी लगी थी, के साथ उससे भाई की दोस्ती हो गयी। वह भाई से बड़ी थी, मुझे बहुत अच्छी लगती थी हमें वो अपने बहन-भाई जैसे प्यार करती। हम उसके घर जाते, हमारे लिए चाय बनाती, नमकीन के साथ चाय पीने को देती। मुरादाबाद में उनके परिवार के पास काफी खेती थी। उनके खेत से कच्ची मूंगफलियां आतीं तो हमें साबुत मूंगफलियां उबाल-उबालकर खाने को देती थी। भाभी हमारे साथ-साथ उसकी भी चिंता करती थी, उसका भी ख्याल रखती थी।

भाईजी ने नया घर बनाने के लिए किसी दूर के रिश्तेदार से सूद पर पैसा भी ले लिया था। वे हर महीने ब्याज का पैसा दे देते और मूलधन खड़ा ही रहा। कभी-कभी मासिक ब्याज भी न चुका पाते थे। एक बार वो ही रिश्तेदार घर पर आया और उसने अपना सारा पैसा एक महीने में चुकता करने की धमकी

दे दी और कहा कि पैसा नहीं दोगे तो अपना घर खाली कर दो, इस मकान के पेपर तुमने गिरवी मेरे पास रखे हुए हैं। भाईजी ने बहुत कोशिश की, कहीं से जब कोई मदद मिलती न देखी तो उन्होंने ये घर भी बेचने का मन बना लिया।

समय ऐसा आया कि कर्ज उतारने के लिए हमारा ये घर भी बिक गया था। हम उस समय अपने बिके हुए मकान के सामने वाले घर में किराये पर रहने लगे थे। मुझे 11वीं की परीक्षाएं देनी थीं। एक दिन जब मैं झाड़ू लगा रही थी तो मनोहर भाई की खाट के नीचे कुछ पन्ने बिखरे हुए पड़े देखे। मैं झाड़ू लगाना छोड़कर उन पन्नों को समेटकर पढ़ने लगी। पढ़ते-पढ़ते मेरे कान गर्म होने लगे, वह एक जासूसी उपन्यास का प्रारूप था जिसमें जासूस एक युवती से प्रेम प्रसंग वश कुछ बातें कर रहा था। किसी हद तक ये बातें मुझे अश्लील-सी लगी। तभी मनोहर भाई ने घर में प्रवेश किया और मुझसे सारे पन्ने छीन लिये और बोला, दूसरों की लिखी बातें पढ़ना गलत बात है। मुझे बहुत बाद में पता चला कि मनोहर भाई अपना जेब खर्च चलाने के लिए जासूसी उपन्यास लिखकर बेचता था जो मनोज पॉकेट बुक्स में किसी और के नाम से छपते थे। वह जासूसी उपन्यास भी बहुत पढ़ता था, घर से चोरी-चोरी फिल्में भी बहुत देखा करता था। हमें फिल्मों की कहानी सुनाता और कहता कि उसने सपने में वो फिल्म देखी थी।

भगवान दास अंकल के साथ एक मिशनरी मोतीलाल संत जी हमारे घर आये वो डॉ. अम्बेडकर पर बहुत गाने बनाते थे और हारमोनियम पर बैठ कर स्वरबद्ध गायन किया करते थे। एक बार मिलाद-ए-शरीफ के मौके पर घर के पास चौराहे पर कव्वालियां हुईं। हम सबने अगल-बगल की छतों पर चढ़ कर कव्वालियां सुनीं। करीब 12 बजे संत मोतीलाल जी ने एक गीत सुनाया गोपी फिल्म का–रामचन्द्र कह गये सिया से ऐसा कलयुग आऐगा...की तर्ज पर बाबा साहेब कह गये जगत से ऐसा युग आयेगा दलित राज करेगा बामन जूती गाठेगा....गीत खत्म होते-होते सभा में हलचल मच गयी और कुछ लड़के डंडे लेकर खड़े हो गये...मारो-मारो सालों को, इनकी इतनी हिम्मत हमसे जूती गठवायेंगे। हमारी बस्ती के कुछ लोग इधर संत मोतीलाल के पास पहुंच गये, उन्हें घेर कर बस्ती में ले आये और कुछ लोग उन्हें घेर कर दूसरी ओर ले गये। इस तरह मिलाद-ऐ-शरीफ की रंगत दो गुटों के झगड़े में सारी फीकी पड़ गयी। कुल मिलाकर जाति की कटुता सारे चौराहे खुल कर आयी...वो रात और गहरी अंधेरे में समा गयी।

❐

सपनों में झूलने की उम्र

कच्ची नाजुक उम्र सपनों में झूलने की होती है। इस उम्र में सबको सूझती है मस्ती-मस्ती। घर के काम की जिम्मेदारी पढ़ाई पर भारी पड़ रही थी। फिर भी मुझे दुख नहीं था। मैं चाहती थी खूब पढ़ना, बेशक मैं पढ़ने में होशियार नहीं थी, परन्तु नालायक भी नहीं थी। एक दिन शाम के वक्त भाईजी ने कहा, ''बस! आगे और क्या करना है पढ़ के? तेरी मां बीमार रहती है, तू अब छोटे भाई-बहनों की देखभाल कर। रोटी-पानी बनाकर घर में ही रहा कर। एक-दो साल में लड़का देखकर तेरे हाथ पीले कर दूंगा।'' मैं गुस्से में नीची निगाहें किये-किये भाईजी की बात चुपचाप सुनती रही। मन खिन्नता से भर गया। गला भर्रा रहा था, चुपचाप नीची निगाहें किये अंदर वाले कमरे में खिसक गयी और मन मारकर चुपचाप गुमसुम घर का काम करती रहती थी। आंसू बेआवाज गालों से लुढ़कते रहते अपनी इस बेबसी से उपजी आह में, मेरी पहली कविता अभिव्यक्त हुई–''कासे कहूं दुख अपना। कहूं तो राज खुले। दिल की धड़कनों का।''

घर में बीमार मां बोलती रहती, बोलते रहना, बड़बड़ाते रहना ही खास उसकी बीमारी की स्थिति थी। बोलते-बोलते अक्सर वह रोने लगती तो कभी वह मुस्कराती हुई सी किसी से बात करती प्रतीत होती और कभी-कभी जोर से चिल्ला उठती, 'कौन है? कौन है वहां? दरवाजे के पीछे कौन खड़ा है?' कभी वह स्वयं ही डरकर भयभीत हो उठती। हम सब बहन-भाई उनकी इस बीमारी से बहुत सहम गये थे। पूरे घर भर में, मैं ही उनकी नजरों में बनी रहती। मुझे बुलाकर वह कहती, 'घर से बाहर मत जाना गुंडे उठाकर ले जायेंगे' धीरे-धीरे मैं स्वयं अपनी मां से कटने लगी। उससे बात करना मुझे अच्छा नहीं लगता था। मुझे लगता हमारी मां एक्टिंग कर रही है, क्योंकि वह सारे दिन खाट पर लेटे-लेटे कुछ न कुछ बोलती रहती। उसके इस तरह लेटे रहने से मुझे ही घर का काम करना पड़ता था। पढ़ाई करने का वक्त नहीं मिलता। कभी लगता था

मां मेरी पढ़ाई में अड़चन डाल रही है। मैं घर के काम की चक्की में जोत दी गई थी। स्कूल जाने से पहले खाना-नाश्ता बनाओ। स्कूल से लौटो तो ढेर सारे बर्तन मांजो, कपड़े धोओ और शाम को अंगीठी सुलगाओ और खाना बनाओ। ऐसी दिनचर्या से मैं स्वयं खुन्दक में रहती थी। छोटे भाई-बहन भी दबे-दबे से रहते थे।

एक दिन जब मैं घर का सारा काम समाप्त करके यूं ही दरवाजे पर खड़ी थी तो पड़ोस में रहने वाले मेरे चचेरे भाई ने मुझसे पूछा, 'आपने स्कूल छोड़ दिया?' मैं सकुचा गयी। हमारे पड़ोस में रहने वाला ये रतन सिंह 11वीं में था। उसके चाचा और मां (मां-बाप) को हम चाचा-चाची कहते थे। रतन हमारे मां-पिताजी को ताऊ-ताई कहता था। यह पहला मर्तबा था, जब उसने मुझसे बात की तो मैं सकुचा गयी। मुझे लगा जैसे एक साथ हजार फुहार गिरने लगी हो। मैं भी कुछ हूं। इसी अहसास से मैं प्रफुल्लित हो उठी। मैंने कहा, 'नहीं...अभी दाखिला लेना है, स्कूल बड़ी दूर है न? बड़े भाई को टाइम नहीं मिल रहा। पिताजी तो मना ही कर रहे थे, भाई ने उन्हें मना लिया है। किसी दिन वह फैक्टरी से छुट्टी ले आयेंगे तो दाखिला कराने जायेंगे। बड़ा भाई मनोहर पिताजी के साथ काम पर जाता है न?, हमें बात करते देखकर मां मुझे आवाज लगाने लगी।

बाहर कौन है? किससे बात कर रही है, अरी छोरी अंदर आ जा। मेरी मां कातर शब्दों में मुझे बुलाने लगी। रतन सिंह पूछने लगा, 'ताई को क्या हो गया? सुना है ताई को कोई भूतली चिपट गयी है?' मां की लगातार आवाज सुनकर मैं रतन की बात सुने बिना ही अंदर चली गयी। छोटे भाई-बहन आपस में हाथापाई कर रहे थे। उन दिनों अशोक नूतन विद्या मंदिर प्राइवेट स्कूल में पढ़ता था। वे अपनी-अपनी कापी-किताब लेकर बैठे जरूर थे, पर पढ़ाई कम लड़ाई ज्यादा कर रहे थे।

आप बाहर क्यों खड़ी हैं? इसकी ध्वनि में, मेरी मां की आवाज छोटे बहन-भाइयों की खींचतानी से दूर मेरे मन ने कहीं मस्त कर देने वाली ठंडी हवा के झोकों को महसूस किया जिसने मेरी उदासीनता को हरके मुझे शांत कर दिया। 'आप' हमारे यहां लड़कियों को इतनी इज्जत से पेश नहीं हुआ जाता है। छोरी... ए.... लौंडिया, 'तू' शब्द ही उनके लिए उपयुक्त शब्द माने जाते रहे हैं। अपशब्द तो खास इज्जतदार अपने से बड़े या विशेष लोगों के लिए ही संबोधन होता था। ऐसे में अपने लिये 'आप' सुनकर मैं क्यों न पगला जाती?

जब मैं 11वीं में आ गयी थी तब 11वीं के बोर्ड के पेपर युद्ध की तरह गंभीरता लिये होते थे। मेरा भी बोर्ड का पेपर था। मनोहर भाई एक्सटर्नल से बी.ए. सेकेंड ईयर में थे। उन दिनों उनके बड़े घराने के कई अच्छे लोग दोस्त बन गये थे। दिन भर पिताजी के साथ फैक्टरी में कटिंग सीखने व कपड़े सिलते रहने के बाद शाम को पांच बजे छुट्टी लेकर जाकिर हुसैन कॉलेज में राजनीति-शास्त्र की कक्षा में पढ़ने जाते। प्रोफेसर एम.पी. जैन के बहुत से छात्र फैन थे। मनोहर भी उनके साथ रहने लगे थे। इनके साथ रहकर भाई में गजब के बदलाव आ रहे थे। मेरी पढ़ाई के लिए पिताजी से लड़ना उनके बदले विचारों की एक झलक थी क्योंकि पहले वो मुझे बहुत रोकता था। कभी कहता फ्रॉक पहनना छोड़कर सलवार कमीज पहन, चुन्नी ओढ़, बाहर मत झांक...आदि आदि।

बोर्ड के पेपर में मेरे अच्छे नम्बर आ जायें इसके लिए मेरे भाई ने काफी तैयारी कराई। चूंकि हमारी बस्ती एक गरीब लोगों की बस्ती थी। इस बस्ती में सब आपस में चाचा, ताऊ, बुआ के रिश्ते से बंधे-बंधे रिश्तों को संबोधित करते हुए रहते थे। मुझसे बड़े लड़के 11वीं में थे। मैं उनसे छोटी, उनके साथ 11वीं में आ गयी थी। भाई ने हम सबकी पढ़ाई की तैयारी के लिए अपनी ही छत पर बिजली का तार खींचकर होल्डर, बल्व सब लगा दिया था। भाई भी शाम को जल्दी घर आने लगे और हम सबके साथ बैठकर हमें पढ़ाने, याद करने में सहयोग देने लगे। देर रात तक रतनलाल, रतनसिंह, रामभूल सभी साथ पढ़ते और मनोहर भाई बीच में उठकर चाय बनाकर लाते। चाय पीते-पीते हम बातें भी करते। भाई के इस अनोखे प्रयोग से हम सब में खूब सहयोग हो रहा था। हम सब अच्छे दोस्त बन रहे थे। हमारे अंदर के संकोच भी खत्म हो गये। अब हम भाई-बहन से भी ज्यादा दोस्त आत्मीय हो गये। मैं जो उनसे छोटी थी, अब उनसे अपने लिए बराबरी का भाव पा रही थी। इससे मेरा आत्मविश्वास बढ़ रहा था।

हमारी बस्ती में लड़कियों में केवल एक लड़की सुशीला ही थी जो पढ़ रही थी, मेरी उससे अच्छी दोस्ती थी। उस पर भी घर के काम का बहुत बोझ था। वह भी सुबह उठकर चूल्हे पर सबके लिए रोटी बनाती। उसके घर में भी उसकी पढ़ाई पर काफी रोक-टोक की गई थी। अंततः उसने भी लड़-झगड़ और जिद करके अपनी पढ़ाई जारी रखी। उसके भाई रतनलाल को इससे कोई वास्ता नहीं कि घर में क्या हो रहा है, वह अक्सर चौराहे पर खड़ा रहता। ज्यादा होता तो उसकी नानी सब्जी बेचती थी, की मदद के लिए गांधी नगर के सब्जी के थड़े

पर सब्जी बेचने चला जाता। हमारी इस बस्ती में जाटवों के अलावा पंजाबी और मुस्लिम परिवार भी थे। मुस्लिम के साथ हम सबकी उठ-बैठ थी, परन्तु पंजाबियों के साथ केवल हैलो-हाय से ज्यादा कुछ नहीं था। वे न हमारे यहां की शादियों में आते, न हमें बुलाते। मुस्लिम परिवारों के साथ अच्छी एकरूपता थी। उन्हें हम 'गनी चाचा', इलियास भाई, भाभी, चाची, मौसी की तरह ही प्यार से बात करते। वे भी हमें अपना ही समझते थे।

गनी चाचा मुझे स्कूल से आते हुए रोकते और पूछते, 'अरी बिटिया, मास्टरनी कैसी है? मास्टरनी का ध्यान रखना।' मेरी मां के बारे में बात करते कहते, बड़ी अच्छी थी पता नहीं बेचारी को कहां की नजर लग गई। तो कभी मुझसे कहते, पढ़ाई करके मास्टरनी का पेपर दे दियो, टीचर बन जाइयो बेटा... आदि।

11वीं के पेपर ज्यादा अच्छे नहीं हुए। भाई ने सारी तैयारी कर दी थी परन्तु दिन भर मां के व्यवहार व स्वभाव से उपजी खिन्नता मेरे मन को एकाग्र नहीं होने देती। मां पढ़ाई से चिढ़ने लगी थी। वह इस हद तक चिढ़ती थी कि मौका मिलते ही हमारे पैन या पेंसिल, कापियां, किताबें छुपाकर अपने बिस्तर के नीचे रख लेती थी। एक समय ऐसा था कि मां हमारी पढ़ाई के लिए पिताजी से लड़ पड़ती थी, उनकी इस बीमारी का हम सबकी जिंदगी और दिनचर्या पर काफी बुरा प्रभाव पड़ा था अक्सर मुझे लगता कि मेरी पढ़ाई बीच में ही न छूट जाये।

छोटा भाई अशोक बहुत होशियार, बहुत चंचल भी था। मेरी मां और पिताजी दोनों ही उसे बहुत प्यार भी करते थे। यह एक अलग तरह का प्यार था। अशोक सतमासा पैदा हुआ था। सामान्यत; बच्चे नौ माह मां के गर्भ में पलकर पैदा होते हैं। लोग कहते थे उससे कम माह के बच्चे अक्सर पैदा नहीं होते, अगर पैदा होते भी हैं तो जिंदा कम बचते हैं। ऐसे मिथक के साथ ही अशोक का जन्म दिल्ली के मछलीवालान अस्पताल में हुआ था। एक छोटा मांस का लोथड़ा जिसे मेरी मां ने रूई की परतों में दबा-दबाकर पाला था, बचपन से ही वह बहुत चंचल था। अक्सर उसे यहां-वहां कई चोटें लगती रहती थीं। सतमासे बालकों के साथ एक मिथक और भी जुड़ा है वह यह कि यदि किसी को चनका (कमर में दर्द) आ जाये तो सात माह वाला बालक कमर में पीछे खड़े होकर उसे सात ठोकर मारे तो उस आदमी या औरत की चमक या कमर दर्द ठीक हो जाता है, बिना किसी दवाई के। अशोक से भी यही काम करवाया जाने लगा। अक्सर घर में कई लोग सुबह-सुबह आते और उसकी सात ठोकर खाकर ठीक हो जाते।

सबकी पढ़ाई के साथ-साथ उसकी पढ़ाई भी चल रही थी। सातवीं कक्षा पास करने के बाद उसे बस अड्डे के पास यूनाइटिड क्रिश्चियन स्कूल में दाखिला दिला दिया गया। यह स्कूल अंग्रेजी माध्यम का था। इस स्कूल के खर्चे भी बहुत थे। सरकारी स्कूल की अपेक्षा यह स्कूल रियायत देने के बावजूद महंगा ही पड़ रहा था। एक बार उसे बाइलॉजी बॉक्स की जरूरत पड़ी। पिताजी का काम उन दिनों मंदा चल रहा था। वे ठेके पर काम करते थे। ठेके का मतलब जितने कपड़ों की कटिंग होगी उतना पैसा मिलेगा। कटिंग तो वो बहुत कर सकते थे, परन्तु फैक्टरी में काम ही कम था। जितना भी थोड़ा-बहुत काम मिलता वह काट-पीटकर घर आ जाते। कभी-कभी अपने दोस्तों से मिलते तो थोड़ी शराब भी पी लेते थे। फिर घर में भाभी से झगड़ा होता और वह उन्हें नसीहत देती कि बच्चों की जरूरतें पूरी नहीं हो रहीं और तुम शराब पीते हो। भाईजी बहाना बनाते कि दोस्तों ने पिलाई है, तो भाभी बिल्कुल न मानती। अशोक को बायलॉजी बॉक्स चाहिए था। पैसों का जुगाड़ भाईजी नहीं कर पाये तो भाभी ने घर में रखे पीतल के बड़े-बड़े बर्तन उठाये और अशोक को साथ में लेकर बाजार चली गई। वहां उन बर्तनों को बेचकर जो पैसा मिला उससे बायलॉजी बॉक्स खरीद लिया, जिसमें कई तरह के नुकीले ब्लैड, चाकू, पेसकर टाइप औजार थे। बॉक्स खरीदने के बाद जो थोड़ा पैसा बचा वो बाकी बच्चों की स्कूली जरूरतों का सामान भी लेती आयी। साइंस के छात्रों के लिए यह अनिवार्य बॉक्स था। अतः भाभी ने वह उसे खरीद दिया था ताकि स्कूल में अशोक को टीचर तंग न करें व उसकी पढ़ाई सुचारु चले। तब तक भाभी स्वस्थ थी।

भाई मनोहर अब अपने नाम के साथ मानव लगाने लगे जबकि भाईजी हमारा गोत्र नहीं लगाते थे। दलितों के सरनेम ज्यादातर प्रकृति पर केन्द्रित होते है। मसलन, पीपल, कर्दम, सागर, कैन, नीम आदि! नाम हमारे नाम चलता तरीके से रखना जिसमें दास या...हीनता-बोध कलुआ, बुधुआ, रामदास, मंगला, भगवानदास, भगोती, बिरमो, धन्नो, चम्पा, चमेली, कमलो, रूमाली, कल्लो आदि...आदि..। वैसे हमारा गोत्र 'सागर' था परन्तु हम सरनेमविहीन ही बड़े हो रहे थे जबकि हमारे आसपास कोई शर्मा, वर्मा, गुप्ता, मल्होत्रा, राजपूत, चौहान, ठाकुर, चौधरी वगैरह गर्व से लगाये हुए अपने नाम के साथ उच्चारित करते। हमारी पहचान कोई छुपी पहचान नहीं थी।

विद्यालयों में हमारे दादा जी ने बाकायदा हमारी जाति का नाम दर्ज कराया था। भाईजी के नाम के साथ व्यवसाय के कॉलम दर्जी का काम दर्ज कराया

था। बिरादरी के पारम्परिक तौर-तरीके से हमारा परिवार हटकर चल रहा था। शायद मनोहर भाई के बदलते विचार और तेवरों की वजह से यह सब हो रहा था।

एक दिन मनोहर के साथ विचित्र से दोस्त आये। सबके सब एक से बढ़कर एक फैशनेबल थे, मजनू टाइप शर्ट, बैलबॉटम, गर्दन तक बढ़े हुए बाल तो फ्रैंच कट दाढ़ी, गले में माला। उन सबके काले रंगीन चश्मे, माथों पर टिके हुए थे। वे सब अंदर आकर धम्म से जमीन पर पसर गये। बहुत ही विचित्र वेशभूषा और उनकी बातें भी जो हमारे लिए एकदम से नई थीं जैसे पूंजीवाद, साम्राज्यवाद, उपनिवेशवाद और न जाने कितने अनजाने शब्दों के उतार-चढ़ाव की लय पर बतियाते रहे। भाई ने मुझे चाय बनाने का इशारा किया। घर के अंदर जाकर चाय बना दी। मैंने छोटी बहन पुष्पा को भाई के बुला लाने के लिए भेजा। पास में ही संजय, मनोज, अनीता भी बैठी थीं। परन्तु उल्टे बैठे-बैठे भाई ने मुझे आवाज देकर कहा–रज्जो, खुद ही चाय लेकर आ जा। इतने सारे अनजान लड़के पहले कभी नहीं देखे, मुझे शर्म आ रही थी। भाई की बात टालने का कोई कारण नहीं था। अतः मैंने सारे कप एक थाली में रखे क्योंकि हम थाली को ट्रे की तरह इस्तेमाल करते थे। गले में चुन्नी लटका कर कमरे से बाहर बरामदे में आ गयी। भाई ने सबसे मेरा परिचय कराया, ये मेरी छोटी बहन है। 11वीं के पेपर दिये हैं। मैंने गर्दन झुकाये रखी और नीचे झुककर चाय की थाली सबके बीच में रख दी। मनोहर उनका परिचय मुझसे कराने लगा, ये हैं रमेश, ये हबीब अख्तर और ये है चाचा उर्फ लेखराज। मैंने धीरे से गर्दन हिलायी मानो हां और उन लोगों को देखे बिना जल्दी-जल्दी नमस्ते करके अंदर आ गयी। बाहरी लड़कों से मिलाने का रिवाज दूसरे समाजों की तरह हमारे यहां भी नहीं था। फिर भी मनोहर भाई ने ऐसे मिलवाया जैसे हमारे यहां यह सहज रिवाज हो। सबके बीच में खड़े होकर परिचय का आदान-प्रदान के समय मैं कांप-सी रही थी और गर्व भी महसूस कर रही थी। परिचय के बाद मैं तुरन्त अंदर जरूर चली गई थी लेकिन मेरा ध्यान और मेरे कान बरामदे में बतिया रहे भाई और उनके दोस्तों की तरफ ही सधे हुए थे। उनमें से कोई एक हम सब बहन-भाइयों की बाबत पूछ रहा था। मेरे बारे में भी उसने कई सवाल किये और कई सुझाव दिये थे। मसलन, मुझे अच्छी-अच्छी किताबें लाकर पढ़ने को दी जायें ताकि मैं इधर-उधर की बातों से बचूंगी। इस उम्र में ही लोग भटक जाते हैं। कॉलेज में भर्ती करा देना। आदि...आदि...।

कौन है? बड़े-बड़े बालों वाला? अचानक अनचाहा अनायास ही खिंचाव सा महसूस होने लगा। मन ही मन में उत्साही सी महसूस करने लगी। दिल में मीठी सी कसक उठती। मन जैसे उस दिन की बातों में ही अटक चुका था। अचानक मुझमें कुछ परिवर्तन आने लगा।

11वीं की परीक्षाएं समाप्त हो गयी थीं, मैं घर में ही रहती थी। बड़ा भाई मेरे पढ़ने के लिए मुंशी प्रेमचन्द का लिखा 'सेवा सदन' उपन्यास ले आये। यह मेरी जिदंगी का पहला उपन्यास था। उपन्यास में अजीब दुनिया थी। मेरी कल्पनाओं से अति दूर। तरह-तरह के महिला पात्र। सुमन जिसके इर्द-गिर्द पूरे उपन्यास का ताना-बाना बुना गया था। वह इस उपन्यास की नायिका थी और हमारे समाज यानी मेरी दुनिया में इस पात्र को समझने का मुझे अभी इल्म तक नहीं था। बहरहाल, मैंने उपन्यास पढ़ा, कुछ समझ आया कुछ रह गया। पढ़ाई का शौक मुझे लग गया। मैं दिल्ली पब्लिक लायब्रेरी की सदस्य बन गयी। वहां से मैंने बहुत सी किताबें लाकर पढ़ीं ज्यादातर उपन्यास व कहानियों की किताबें ही पढ़ीं।

❐

अगला पड़ाव

मेरा 11वीं का रिजल्ट आया। मैं पास हो गयी। पर नंबर बहुत कम थे। नंबर अच्छे नहीं थे फिर भी मैं पढ़ना चाहती थी। मेरे मन में कहीं अपने आपको कुछ बनाने का अंकुर कुलबुला रहा था। मां की बीमारी अब फिर बाधा बनकर सामने खड़ी थी। भाईजी और मनोहर भाई रघुवरपुरा से गोविन्दपुरी काम करने जाते थे। गोविन्दपुरी हमारे घर से बहुत दूर थी। बस सर्विस भी बहुत कम थी। अतः दोनों को फैक्टरी पहुंचने में बहुत देर हो जाती थी। फैक्टरी के मालिक माया एक्सयोरे के साथ इसी कारण उसे तकरार हो जाती थी। अतः पिताजी ने भाई से सलाह करके कुछ पैसों का जुगाड़ किया और गोविंदपुरी में एक प्लाट खरीद लिया। इस प्लाट में एक छोटा कमरा रसोई जितना था तो दूसरा बड़ा कमरा जिसमें चार-पांच खाट आ जाती थीं। बिना प्लास्टर-फर्श का कच्चा मकान वह भी तीन महीने बाद मिलने वाला था। स्कूल, कालेज के दाखिलों का समय होने के कारण पिताजी ने एक पंजाबी का घर किराये पर ले लिया। हम सबको दलित मौहल्ले से निकालकर वे हमें फिर मिली-जुली आबादी मे ले गये।

गोविंदपुरी में हम रहने लगे। मकान मालकिन पंजाबन आंटी बहुत सुघड़ थी। मैंने उससे बहुत कुछ सीखा। उसने मुझे बादामी रंग के चावल बनाने सिखाये। गोविंदपुरी में पानी की बहुत दिक्कत थी अतः सरकारी नल से ही सब पानी भरते थे। एक दिन जब मैं बाहर से बाल्टी से पानी भरकर घर में लेकर आयी तो अचानक वही लम्बे-लम्बे बालों वाला लड़का घर में बैठा मिला। उसे देख मैं थोड़ा घबरा भी गयी। तपाक से बोली, 'भाई तो काम पर गये हैं।' उसने सिर हिलाकर कहा, 'मालूम है।' उसने हंसते-हंसते हुए कहा, 'क्या मैं उसके पीछे घर नहीं आ सकता? क्या हुआ अगर वह घर पर नहीं है? जा.. जाकर चाय बना ला।' उसके हुक्म वाले तेवर के सामने मैं निरुत्तर हो सकुचाती चाय बना लायी। छोटे भाई संजय, मनोज अभी स्कूल जाने ही वाले थे। वे दोनों मेरे साथ

चिपककर ही बैठे रहे। मां बोलती ही जा रही थी- 'कौन है? ये कौन है? कौन चोर है, कौन ठगिया? हम क्या जानें? इसे भगाओ...।' निर्बाध भावशून्य वह बोलती जा रही थी। रमेश भोसले को पता था कि हमारी मां बीमार है। चाय पीते-पीते ही उसने पूछा, 'क्यों कालेज में दाखिला ले लिया?'

'नहीं, भाईजी ने मना कर दिया।' मैंने धीरे से बताया।

'मनोहर ने अंकल को नहीं समझाया?' उसने तपाक से पूछा।

'हां, उसने भी भाईजी से कहा था पर उन्होंने भाई को भी डांट दिया।'

'और तू...? तू कुछ नहीं बोली?'

'नहीं.... मैं क्या बोलती?'

'हां! तुम लड़कियां गऊ बनकर चुप रहो! कल शादी करवा के ससुराल चली जाना। वहां भी किसी साले की सुनकर चुप रह जाना। यही नियति समझती हो न, तुम लड़कियां हैं न?' व्यंग्य से वह कड़वाहट में भर गया।

मैंने दबी जुबान में ही धीरे से कहा, 'मैं क्या कर सकती हूं? भाईजी जब मानते नहीं हैं।'

मेरी बात से थोड़ा चिढ़-सा गया और रूखा होकर बोला, 'गर्दन ऊंची करो, मेरी ओर देखो। मुझे देखकर बात करो।' मैं उसका आदेश रूपी उपदेश नहीं ले पा रही थी। सुनकर चुपचाप खड़ी रही।

मैंने केवल थोड़ी गर्दन उठायी पर आंखें झुकी ही रहीं। गुस्से में रमेश ने मुझे लताड़ा 'और हूं...तुम आगे की पढ़ाई के लिए अपने पिता से खुद क्यों नहीं कहतीं? तुम्हें ही उन्हें मनाना होगा, समझी?' चाय पीकर रमेश उठकर चलने को हुआ तो उठते-उठते वह बोला, 'अब मैं चलता हूं मनोहर को बता देना कि कल वो मेरे हॉस्टल आ जाये, मैं उससे भी इस मामले में बात करूंगा।' रमेश तो चला गया पर वह मेरे लिए कुछ सवाल छोड़ गया।

क्या मैं भी एक इंसान हूं? लड़कियों को आखिर क्यों नहीं पढ़ाया जाता? मैं चुप-चुप दबी-दबी क्यों हूं? सोच-सोचकर मेरी आंखों में दुख उतर आया। दुख आक्रोश में बदलने लगा।

रमेश कौन है? मेरा गुरु, दोस्त, भाई या हमदर्द? उसका मुझसे क्या वास्ता? रमेश एक चित्रकार था। वह एक खुद्दार विधायक का बेटा था। प्रतिभावान, चित्रकार, विचारवान एक सुन्दर नौजवान। पुराने विचारों को उतार फेंकने वाला विद्रोही। वह विद्रोही अपनी थोड़ी चिंगारी मुझे दे गया। मेरा दिल धड़कने लगा। मैं सोच में पड़ गयी। मैं कहीं उसके प्रति आकर्षित तो नहीं हो रही थी? मेरी

ऊर्जा कई गुणा बढ़कर पिरामिड बन गयी। पुरातन मूल्य मुझे इस आकर्षण के विरुद्ध मुझे लताड़ रहे थे। बार-बार मैं दोहराती रहती थी कि भाई का दोस्त भाई जैसा होता है और मैंने अपने मन को समझा लिया। अपने लिये मैं सोचने लगी बेशक उससे मैंने प्रेरणा ले ली। मैं अपनी पढ़ाई के लिए भाईजी से लड़-लड़कर रोने लगती। मनोहर ने इसमें मेरा पूरा साथ दिया। रमेश से मुझे नैतिक बल मिला।

आखिरकार मैंने भाईजी की इच्छा के विरुद्ध एक कॉमर्शियल सेंटर में टाइप सीखने हेतु दाखिला ले लिया। सुबह घर का काम खत्म करके दोनों छोटे भाइयों को स्कूल छोड़ने जाती। उसी समय मैं गोविंदपुरी से एक स्टॉप आगे कालकाजी पोस्ट ऑफिस के पास अंग्रेजी टाइप सीखने जाती। एक घंटे की क्लास होती थी, अतः भाईजी भी चुप हो गये। उनकी चुप्पी में स्वीकृति मिल गयी थी। मनोहर की जिद और रमेश भौंसले की मदद से मेरा दाखिला बी.ए. नॉन कालेजिएट में हो गया। इस तरह घर के कामों को निपटाते हुए मैंने बाहर की दुनिया में अपने कदम रखे।

नॉन कालेज में रविवारीय कक्षाओं में पढ़ाई होती थी। हालांकि उसमें दाखिला लेने का समय भी निकल चुका था लेकिन यूनिवर्सिटी में रमेश भौंसले की जान-पहचान का कोई व्यक्ति मनचंदा था वह मुझे लेकर उसके पास गया। उससे मेरा परिचय कराया कि मैं मनोहर की बहन हूं। फार्म लेकर खुद रमेश ने फार्म भरा, मुझे बैंक ले जाकर मेरा चालान फार्म भरा और उसी दिन मेरा दाखिला प्रथम वर्ष में करा दिया।

मेरे पास कोर्स की किताबें नहीं थीं। घर में पढ़ाई का माहौल नहीं था अतः धीरे-धीरे मुझे नॉवल पढ़ने का बुरा शौक चढ़ गया। यह शौक इस हद तक था कि मैं गुलशन नंदा, कर्नल रंजीत, मनोज, वेदप्रकाश कम्बोज के उपन्यासों को पढ़ने लगी। उपन्यासों के चक्कर में बी.ए. प्रथम वर्ष का एक पेपर ही पास कर पाई जिसका मुझे खुद गहरा धक्का लगा। मनोहर ने मुझे खूब डांटा और अगले वर्ष सिलाई-कढ़ाई डिप्लोमा करने के लिए कर्जन रोड स्थित महिला आई. टी. आई. में दाखिला दिलवा दिया।

गोविंदपुरी में रहते-रहते हमें बहुत अच्छा लग रहा था, वहां एक अलग वातावरण था। आसपास के सभी बच्चे पढ़ रहे थे। लड़कियां भी स्कूल जाती थीं। यहां बस दो ही दिक्कत थीं एक तो पानी का बहुत अभाव था दूसरी, छोटे भाई संजय का वहां मन नहीं लगता था। भाईजी इसके लिए बहुत दुखी थे।

हमारे पड़ोस में सिख परिवार रहता था। उसकी दो बेटियां थीं और एक बेटा था। सामने वाले प्लाट में मोहिनी रहती थी। वो विधवा थी और उसके दो बच्चे थे। बेटे का नाम कमल, बेटी का नाम शिक्षा था। शिक्षा स्कूल जाती थी। कमल कहीं प्राइवेट नौकरी करता था। वे रविदासी थे। हमारे पड़ोसी भी अनुसूचित जाति के ही थे। हमारी इस बस्ती में एक गुज्जर परिवार था उसके कई लड़के थे। एक परिवार अम्बेडकर साहब को मानता था। एक अन्य परिवार जाति से धोबी था, उसके भी कई लड़के और बहुएं थीं। उस परिवार के बुजुर्ग कपड़ों को प्रेस करने का काम घर से बाहर मेज लगा अपनी गली में ही करते थे। लड़के कहीं-कहीं बाहर नौकरी करते थे। हमारा पड़ोसी सिख परिवार काफी संपन्न था, उनके पक्के मकान थे और उन्होंने कुछ कमरे किराये पर चढ़ाये हुए थे। उनका एक किरायेदार पढ़ा-लिखा और बैंक में नौकरी करता था। उनकी बड़ी बेटी मंजीत और घर के सामने वाले घर की लड़की शिक्षा गली में सरकारी नल पर पानी भरती थीं मैं भी वहीं पानी भरने जाती थी। सबके बर्तन-बाल्टी लाइन में लगे रहते। पानी कुछ समय के लिए ही आता था। सब अपनी बारी छोड़कर एक-दूसरे के ऊपर बर्तन लगाकर पानी भरते। इस आपाधापी में घर के बड़े लोगों में झगड़ा हो जाता। अम्बेडकर साहब को मानने वाले परिवार में सरोज, जयप्रकाश और दो छोटे लड़के थे। उनके पिता पढ़े-लिखे लम्पट टाइप के आदमी थे। मां सीधी-सादी थी। सरोज को काफी फ्रीडम थी। वे लोग सभा-सम्मेलनों में अक्सर जाते रहते थे। अम्बेडकर जयंती में भी जाते थे। सरोज मुझसे पूछती, तुम बाबा साहेब को मानते हो? मैं कहती, हमारे घर में मेरा भाई मनोहर बाबा साहब को मानता है। एक दिन उसने मुझसे पूछा, मेरे साथ चलेगी? मैंने पूछा, कहां? उसने कहा, पार्लियामेंट बाबा साहब की मूर्ति में माला डालने 14 अप्रैल को सब जाते हैं, तुम भी चलो। मैंने कहा, अपने पिताजी से पूछूंगी। मैं उस समय आईटीआई, कर्जन रोड पर सिलाई-कटाई का डिप्लोमा कर रही थी।

गोविंदपुरी में हमारे आस-पास स्त्री-पुरुष संबंधों की खिचड़ी पक रही थी। कोई कहता, धोबी परिवार में भाभी अपने देवर से लगी हुई है। कोई कहता, सरोज के कई यार हैं। सरोज कहती, मनजीत का अपने किरायेदार से टांका भिड़ा हुआ है। सच था या झूठ वह समझने की मेरी उम्र नहीं थी। कानों में बात आती-जाती रहती थी। एक दिन रविवार के दिन सरोज हमारे घर आयी, उसने भाईजी को जयभीम किया। भाईजी ने उसे देखकर जयभीम का जवाब दिया और अखबार पढ़ने लगे। उसने धीरे से कहा, भाईजी, मैं तिलक को अपने साथ अम्बेडकर जयंती पर ले जाऊं?

भाईजी ने प्यार से कहा, नहीं बेटी वो अभी छोटी है तुम भी इतनी बड़ी नहीं हो जो दोनों अकेले जा सको। उस पर उसने कहा, मैं तो कालेज जाती हूं और ये रोज आईटीआई जाती है, अब हम खो थोड़े ही जायेंगे? बात बढ़ाते हुए सरोज ने फिर कहा, सीधी बस जाती है पालियामेंट तक। उत्साह में उसने बताया कि उसके पिताजी तो उसे हर जगह जाने देते हैं।

भाईजी ने स्पष्ट कह दिया, 'नहीं ये नहीं जा सकेगी।' सुनकर मैं रुआंसी हो गयी। वो बहस करती रही और फिर उठकर चली गयी। घर में उस समय सब मुझे रज्जो कहते थे। भाईजी कभी-कभी मुझे गुड्डी भी कहते थे। मैंने लोगों को अपना नाम रज्जो की जगह रजनी बताना शुरू किया और अखबार में खबर पढ़ते-पढ़ते किसी स्वराज का नाम मुझे अच्छा लगा। मैंने स्वयं अपना नाम रजनी स्वराज कर लिया। रजनी स्वराज नाम से कविताएं लिखने लगी। मेरी कविताओं में पहली कविता लड़की होने की बंदिश से उपजी कासे कहूं दुख अपना 1976 में लिखी। मेरी सहेलियों ने बहुत तारीफ की। सरोज ने मुझे एक और लड़की से मिलवाया जिसका नाम दीपा था। वह स्टाफ नर्स की ट्रेनिंग शाहदरा के अस्पताल में कर रही थी। उनका घर भी बहुत सम्पन्न था। वे तीन बहनें थीं। सभी बहनें पढ़ रही थीं। जब हम मिले तो उसने अपने अस्पताल का एक अनुभव सुनाया। वह उस समय शाहदरा पागलखाना में एक माह के प्रशिक्षण पर थी। एक मरीज ने उसे देखकर कहा था, 'तुम तो मेरी अनारकली हो' वह यही बात सुना कर दोहरा-दोहरा कर खूब हंसती और कहती मेरा पहला प्रेमी शाहदरा पागलखाने में है। सरोज को ताने मारती और हंसते हुए कहती, तेरा तो कोई प्रेमी ही नहीं है। दीपा बहुत हंसमुख थी, सरोज खूब बातूनी थी, सरोज की बहुत सहेलियां थीं, दीपा बाद में मुझसे भी पूछती, तुम्हारा कोई प्रेमी है ऐसा जो तुम्हें अनारकली कहता हो।

हमारी ही गली में रहने वाली लड़की संतोष मिलाने मुझे ले गयी। उसके घर में घुसते ही उसकी मां ने हमें देखकर नाक-मुंह चढ़ा लिया। संतोष एक कमरे में अकेली रहती थी। घर की अन्य लड़कियां उसकी छोटी बहनें उससे बात नहीं करती थीं। माजरा क्या था यह मुझे पता नहीं चला। लेकिन उसके साथ बुरा वर्ताब होता था। वह अपनी रोटी खुद पकाकर खाती। हमें वह चाय नहीं पिला सकी। उसने अपने ट्रंक का ताला खोला। अपने कमरे में रखे ट्रंक में से थोड़े चने निकालकर एक कटोरी में हमारे सामने खाने के लिए रख दिये। बड़े प्यार से उसने मुझे बैठाया। सरोज ने उसे बताया था कि मैं उनके तीसरे घर में रहती

हूं। मेरे पिताजी दर्जी हैं। सभी बहन-भाई पढ़ते हैं मेरी मां का दिमाग ठीक नहीं है। सारे घर का काम ये खुद करती है। वह सब उसने खुद ही बता दिया और यह भी कि मैं बी. ए. प्राइवेट करती हूं... आदि? संतोष और उसकी मां का आपसी बैर था या कोई गलतफहमी इसका अंदाजा लगाने की समझ मुझमें नहीं थी। परंतु संतोष मुझे बहुत अच्छी लगी और उसकी मां की उपेक्षा से मैं सहम गयी थी। मैं उन दिनों फिर से भक्ति पूजा में पड़ी हुई थी। गोविंदपुरी से कालका मंदिर पैदल जाती थी। एक बार जब मैं मंदिर से पैदल आ रही थी तो मुझे कमर में कुछ तेज चुभने जैसा लगा, घर पहुंचते-पहुंचते तेज बुखार हो गया और बुखार कई दिन रहा। घर का काम मनोहर भाई ने किया। एक रात मैंने कई बुरे सपने देखे। मैंने देखा कि भरे-भरे ट्रक जा रहे हैं मैं उनके पहियों के नीचे दब गयी हूं। मैंने खुद को इतना सूक्ष्म कर लिया कि मुझे कुछ नहीं हुआ। फिर देखा मनजीत दुर्गा बन गयी है, मैंने उसके सामने खड़े होकर उससे दुगुनी ऊंचाई ले ली है और संतोष को पीछे छुपा लिया है। फिर देखा कि मैं आसमान में एक साइकिल सवार के पीछे साइकिल चलाते हुए जा रही हूं और उसने मुझे धक्का दे दिया मैं हवा में नीचे गिर गयी हूं। चिल्ला रही हूं बचाओ...बचाओ, आंख खुली तो देखा मनोहर और भाईजी बाकी सब चारपाई के पास बैठे हैं और पूछ रहे हैं क्या हुआ? उसके बाद मैं स्वस्थ होती गयी। मेरे मन पर आसपास की दुनिया का गहरा असर था, जो मेरे सिर पर सवार हो गया था, युवा मन सब दबावों के चलते भयभीत हो रहा था। मेरे मन को समझने और समझाने वाला कोई नहीं था। एकांगी बचपन से मैं युवा होने की तरफ बढ़ रही थी।

सरोज के पिताजी बच्चों को पढ़ाते थे तो मैंने अपनी सबसे छोटी बहन को उनके पास पढ़ाने के लिए भेज दिया। एक दिन छोटी बहन ने बताया कि अंकल अपनी पेंट में हाथ डलवाते हैं। उस दिन से मैंने अपनी बहन को वहां भेजना बंद कर दिया। भाईजी ने भी मुझे खूब डांटा। लेकिन ये बात हमने वहीं बंद कर दी। उसके बाद अंकल को देखना भी अच्छा न लगता, मैं उनसे कन्नी काट लेती।

आईटीआई, कर्जन रोड पर था जिसके लिए मैं गोविंदपुरी से 430 नंबर बस पकड़ती थी। सर्दियों के मौसम में खूब ठंड होती थी। बर्फीली हवाओं के झोकों को बस की टूटी हुई खिड़की से महसूस किया जाता। मैं सुबह-सुबह साढ़े चार बजे उठकर काम करने लग जाती। घर का पानी भरने से लेकर खाना बनाने और चाय नाश्ते की पूरी जिम्मेदारी मेरी थी। छोटी बहनें अभी छोटी थीं। मझली

बहन पुष्पा जरूर अपने कपड़े खुद धोना चाहती थी परन्तु पानी की कमी के कारण हम कपड़े ही हफ्ते में दो बार धोते थे। घर का काम जल्दी-जल्दी खत्म करके आईटीआई जाने के लिए लम्बी लाइन में लगकर मुझे बस पकड़नी पड़ती थी, तत्पश्चात् 40-45 मिनट बाद यूपीएससी बस स्टाप पर उतरती। वहां से दूसरी बस पकड़नी होती थी। बस के इंतजार में समय व्यर्थ हो जाता और आईटीआई को देर हो जाती। अतः दूसरी बस पकड़ने की बजाय मैं इंडिया गेट का सर्कल पैदल ही पार करके बड़ौदा हाउस होते हुए आईटीआई, कर्जन रोड पहुंच जाती जो भारतीय विद्या भवन के पास था। शाम को 401 बस पकड़ ईस्ट ऑफ कैलाश से 430 नंबर बस बदलती, यह मेरी दिनचर्या थी। जब तक मैंने आईटीआई पास की तब तक सुबह जल्दी उठकर ठंडे पानी में काम करने से हाथ और होंठ फटे रहते। पांवों में बिवाइयां फटी रहतीं। गरीबी के कारण गरम कपड़ों का अभाव और उपेक्षित जीवन के बावजूद मेरी ऊर्जा और हिम्मत निरन्तर बढ़ रही थी।

अगले वर्ष 1978 में मैंने कठोर मेहनत की, आईटीआई में अच्छे अंकों के साथ-साथ प्रथम वर्ष के तीनों पेपर और द्वितीय वर्ष के तीन पेपर पास कर लिये। उपलब्धियों से मैं संतुष्ट थी। भाईजी देख-देखकर हैरान हो रहे थे। गोविंदपुरी में हमारी जिंदगी चल पड़ी थी। तभी एक घटना घटी। हमारा छोटा भाई संजय घर से गायब हो जाता और गोविन्दपुरी से रघुवरपुरा दूर था, वहां पहुंच जाता था। उसका मन गोविंदपुरी में नहीं लग रहा था, न पढ़ाई में। उसकी उम्र मुश्किल से 8-9 वर्ष की थी। भाईजी ने फैसला लिया और वो गोविंदपुरी का घर बेचकर शंकर नगर में 55 गज का प्लाट खरीदा जिसमें एक कमरा बना हुआ था और हम सबको लेकर वापस शंकर नगर आ बसे।

❐

शंकर नगर

शंकर नगर आकर सबके दोबारा दाखिल हुए। अब भाई ने अपना खुद का काम करने की जुगत बनानी शुरू कर दी थी। मैं फाइनल में आ गयी थी। मैंने नौकरी पाने के लिए रात्रिकालीन प्रशिक्षण कोचिंग ज्वाइन कर ली जो करोल बाग के देशबंधु गुप्ता रोड पर थी।

कुछ महीनों बाद एक शाम रमेश फिर अचानक हमारे घर आया और हम सबका हालचाल पूछकर इत्मीनान से बैठ गया। इन दो वर्षों में मैं पहले वाली शर्मीली लड़की नहीं रह गयी थी। उसने मुस्कराते हुए पूछा, 'कहो कैसी हो?' मैं स्वयं उसका इंतजार करती रहती थी। मैंने कहा, ठीक हूं। इस दौरान मैं कई अच्छी किताबें पढ़ रही थी। 'गोदान', 'इतिहास के पन्नों पर खून के छींटे', 'वोल्गा से गंगा तक', 'मदर', 'तुम्हारी क्षय', हार्वडफास्ट की मुक्तिमार्ग आदि मैं स्वयं ही उसे अपनी पढ़ी पुस्तकों के बारे में बताती रही। वह सुनता रहा। उसने कहा, अच्छा है अच्छी किताबें पढ़ती हो तो पता चलता होगा कि दुनिया में क्या-क्या हुआ है...। तुम्हें देखकर अच्छा लग रहा है। शायद हमने अपना विचार सही जगह छोड़ा है। मैंने भी अपने मन की बात कहने की हिम्मत की। उसने मुझसे आंखें दिखाकर बोला, 'फिर सुनूंगा तेरी संवेदना के स्वर और हां सुन, आज जल्दी से खाली किताबें पढ़ने से काम नहीं चलता, कुछ काम भी समाज के लिए करना पड़ता है। किताबों से बाहर निकलकर कुछ समय समाज को वापस देना पड़ता है। दुनिया बहुत बड़ी है, तुम्हारे जैसी बहुत लड़कियां हैं जिन्हें तुम्हें कुछ वापस करना है। अच्छा अब मैं चलता हूं, फिर किसी दिन इस पर विस्तार से बात करेंगे।'

उसी समय वह हवा के झोके की तरह चला गया। मेरा मन जैसे खाली हो गया। मैं इकतरफा उसकी तरफ खिंची जा रही थी। लड़कियों को घर से बाहर जाने पर प्रतिबंध होता है। हमारी सभी जातियों, समाजों में यह स्वीकृत

संस्कृति है। मैं चाहकर भी स्वयं रमेश से मिलने की हिम्मत नहीं जुटा पाती। रमेश कभी-कभार आ जाता था।

रमेश भोंसले और मनोहर भैया की दोस्ती बहुत गहरी थी। इतनी गहरी कि दोनों हर शाम रोज मिलते। भैया नौकरी के बाद हर शाम को अक्सर रमेश के कालेज उससे मिलने जाया करते थे। उन दोनों के विचार खूब मिलते थे। वे दोनों एक ऐसे समाज का सपना देख रहे थे जो हमारे आसपास कहीं नजर नहीं आता था। संबंधों में निहित स्वार्थ, लालच, ढोंग और दिखावा उन्हें बिल्कुल पसंद नहीं था। उनके इस मिशन की क्यू मैं भी जुड़ गयी थी।

शंकर नगर में भी पीने के पानी की किल्लत थी, यहां भी गली के नुक्कड़ पर मंदिर के नल से पीने का पानी लाते थे। अभी मझली बहन पुष्पा घर के काम में हाथ बंटाने लगी थी। यहां तक आते-आते हम सभी बहन-भाई थोड़े बड़े हो गये थे। अपना-अपना काम स्वयं कर सकते थे। इस घर में आकर हमारा परिचय-संसार बढ़ गया था। शंकर नगर में निम्न मध्यम वर्गीय लोग रहते थे। ज्यादातर ओबीसी समाज के लोग थे उनमें से कुछ घर दलितों के थे। मनोहर पीएसओ (प्रगतिशील स्टूडेंट आर्गेनाइजेशन) का सदस्य था। मनोहर के दोस्त हबीब अख्तर, तारा नेगी, रमेश भौंसले, तेजेन्द्र सिंह आहूजा, डॉ. अटल भी हमारे घर आते।

छोटे भाई अशोक ने अपने स्कूल में पी.एस.ओ. यूनिट बनाई और स्कूल की समस्याओं पर हड़ताल की। मैंने शाहदरा आईटीआई में हिंदी आशुलिपि का कोर्स ज्वॉइन कर लिया। हमारे क्लास टीचर मि. गुप्ता थे। हमारी कक्षा में हम चार छात्र अनुसूचित जाति के थे तो बीस छात्र जनरल थे। आईटीआई में लड़कियों पर बड़ी सख्ती बरती जाती थी। लड़कियों और लड़कों को अलग-अलग लाइन में बैठाया जाता था। लड़के-लड़कियां गुप्ता जी के बारे में अनाप-शनाप बोलते कि क्यों वो सबको अलग-अलग बैठाता है। वहां आईटीआई एक मास्टर देवी सिंह थे जो काली मस्जिद में रहते थे, अनुसूचित जाति के थे। पूरा आईटीआई उनकी जाति जानता था। मैं उनसे मिलने गयी और पूछा कि मैं आईटीआई के छात्रों की यूनियन बनाना चाहती हूं, क्या वो मुझे मदद करेंगे। मैं हूं पी.एस.ओ. की सदस्य, पीएसओ की यूनिट बनाना चाहती हूं, ताकि छात्रों की समस्याओं पर प्रशासन से बातचीत करके सुलझाया जा सके। उन्होंने मुझे समझाया कि पढ़ाई पर ध्यान दो। हमारी क्लास से हेमलता, पुष्पा, शशि, ड्राफ्टमेन से ममता गुप्ता हम सब मिलकर लंच करते थे। शशि जाट थी, पुष्पा पहाड़ी, हेमलता अनुसूचित

जाति की थी। खानपान में आपसी दोस्ती थी। जाति कभी वहां आड़े नहीं आयी। वहां हम सबके लिये लड़की होना ही हीनता था। एक बार हम लंच करने बैठे तो ममता दो दिन से अनुपस्थित थी। उनकी कमी हमें खल रही थी। हम आपस में बातचीत कर रहे थे कि वो क्यों नहीं आयी तो एक लड़के ने आकर बताया कि उसे उसके क्लास टीचर ने जींस पहनने पर क्लास से बाहर निकाल दिया था इसलिए शायद नहीं आ रही है। इस बात पर मुझे बहुत गुस्सा आया और मैंने शाम को घर आकर नवभारत टाइम्स के संपादक के नाम एक पत्र लिखा जिसमें इस घटना का जिक्र करते हुए कहा कि लड़कियों के साथ पहनावे को लेकर आईटीआई, शाहदरा में भेदभाव क्यों? यह पत्र मैंने रजनी स्वराज नाम से लिखा। मेरा रजिस्टर्ड नाम तिलक कुमारी था। पत्र के नीचे मैंने अपना पता भी लिख दिया था। मेरे लिखे पत्र में पते से लोगों को मेरा पता चल गया। अगले दिन जब ममता आईटीआई आई थी तो मैंने उसे नहीं बताया कि मैंने कोई चिट्ठी अखबार में लिखी है। परन्तु अखबार में छपी चिट्ठी की कटिंग करके कई शरारती लड़कों ने पानी पीने के सार्वजनिक स्थान पर चिपका दी। ये देखकर आईटीआई में हड़कंप मच गया। मि. साहनी जो उस समय सुपरवाइजर थे ने मुझे बुलाया था। जब मैं उनके रूम में पहुंची तो उन्होंने मुझसे कहा, 'क्यों तुमने ऐसी चिट्ठी लिखकर आईटीआई की बदनामी की है?'

मैंने निडर होकर कहा, 'सर, ऐसी बात हुई थी इसलिए मैंने लिखा और ये तो कोई बात नहीं हुई कि कोई लड़की जींस पहनकर आये उसे क्लास से निकाल दिया जाए।'

साहनी सर निरुत्तर थे दो मिनट चुप रहकर इन्होंने आदेश दिया, 'लिखकर माफी मांगो चुपचाप' मैंने कहा, 'मैंने कोई गलती नहीं की मैं क्यों माफी मांगूं। सर यदि मुझसे जबर्दस्ती लिखाओगे तो मैं एक चिट्ठी इस पर भी लिख दूंगी कि मुझे तंग किया जा रहा है।' पहले साहनी सर मुझे ध्यान से देखते रहे फिर मुस्कराकर बोले, 'चल जा! पढाई-लिखाई पर ध्यान दिया कर नेतागिरी करेगी तो पढ़ेगी कैसे?'

मैं अपनी कक्षा में वापस आयी तो सबने पूछा क्या हुआ? मैंने ज्यादा कुछ नहीं बताया। यही कहा कि सर ने कहा कि तुमने ये पत्र क्यों लिखा...मैंने कोई जवाब नहीं दिया। देवी सर के समझाने के बावजूद आईटीआई में यूनियन बनाने के लिए कुछ दिन बाद मैंने आईटीआई छात्रों की मीटिंग बुलायी, उसमें 7-8 लड़के आये। लड़कियों ने लड़कों के साथ मीटिंग में आने के लिए मना कर दिया। मीटिंग

रविवार को बुलायी थी और रविवार को लड़कियों को घर में ही रहने की हिदायत होती थी। मीटिंग में जो बातचीत हुई उसमें अनुसूचित जाति के छात्रों का स्टाइपंड और पीने का पानी व लड़कियों के लिए अलग अतिरिक्त शौचालय की व्यवस्था के साथ-साथ आईटीआई में कुछ लड़कों द्वारा लड़कियों का पीछा किया जाना व उनके साथ छेड़छाड व बस व्यवस्था थी। अनुसूचित जाति के स्टाइपंड के बारे में बात करते ही उनमें से कुछ छात्रों को मेरा एससी होना पता चल गया। अगली मीटिंग जब बुलायी गयी तब पी.एस.ओ. से सीनियर साथी मि. चीमा व डॉ. अटल को आना था। हम सुबह 10 बजे आईटीआई के सामने एक बड़े पार्क में बैठ गये। 11.30 बजे तक कोई छात्र नहीं आया। हमने सोचा थोड़ा इंतजार कर लेते हैं। 12 बजे विवेक विहार रेलवे लाइन पर एक ट्रेन रुकी उसमें बहुत से लोग उतरे। देखते ही देखते थोड़ी ही देर में 60-65 लड़के हमारे आसपास आकर बैठ गये। सभी लड़के उ.प्र. के पिलखुआ, गाजियाबाद, हापुड़, दादरी, मेरठ से आये थे। जो वैल्डर, प्लम्बर, मशीनिस्ट जैसे कोर्स के छात्र थे। सीनियर साथी जो आये थे उन्होंने एक घंटे तक उन्हें छात्र आंदोलन के समाज परिवर्तन के साथ जोड़कर आईटीआई में संघर्ष करने की प्रेरणा दी। मीटिंग की सफलता से खुश होकर कामरेड चीमा ने अगली मीटिंग की रूपरेखा रखी। आने वाले छात्र ज्यादातर दलित थे। अपने समाज की लड़की द्वारा बुलायी गयी मीटिंग में उन्होंने साथ दिया परन्तु हमें जनरल छात्रों का साथ नहीं मिला। धीरे-धीरे ग्रुप शिथिल हुआ, परीक्षाएं सिर पर आ गयीं मैं फेल हो गयी और शार्टहैंड का अभ्यास भी छूट गया।

❐

कोचिंग रामजस रोड

दलित युवक-युवतियों को सरकारी नौकरी हेतु रात्रिकालीन कक्षाएं सरकार द्वारा अनुसूचित जाति के बच्चों के लिए पूर्व प्रशिक्षण केन्द्र चल रहे थे जिसमें वे अनुसूचित जाति के बच्चों को पूर्व प्रशिक्षण देकर सरकारी नौकरी के लिए तैयारी करवाते। ऐसा ही एक सेंटर करौलबाग में रामजस रोड पर चल रहा था जिसकी जानकारी मुझे अखबार के एक विज्ञापन से मिली थी। हालांकि यह सहशिक्षा प्रशिक्षण था फिर भी लड़कियां इक्का-दुक्का ही होती थीं। रात के समय घर से बाहर जाने के लिए भाईजी के विरोध के बावजूद मैं प्रशिक्षण हेतु करौलबाग जाती, परन्तु जाने से पूर्व शाम का खाना जरूर बना जाती, ताकि सब लोग आराम से खाना खा लें और अपनी पढ़ाई ठीक से कर सकें। भाईजी के लौटने से पहले ही अक्सर मैं लौट आती थी। आज की तरह उन दिनों शाम के वक्त सड़कों पर लड़कियां नहीं दिखती थीं। सड़कें, रास्ते और खचाखच भरी बसें लड़कियों के अनुकूल नहीं थीं। राह चलते कोई भी उन्हें घूर-घूरकर देखने लगता था। उनके आसपास या साथ-साथ या पीछे-पीछे चलते शोहदे या अधेड़ उम्र के मर्द उनके कानों में फुसफुसाकर अश्लील फब्तियां कस जाते। कभी कोई अचानक टक्कर मारने के बहाने युवतियों के शरीर के उभारों को स्पर्श करके भाग जाता। कभी-कभी कुछ मर्द तो लड़कियों के पीछे-पीछे चल पड़ते। ऐसे प्रतिकूल समय के कारण ही शायद मां-बाप अपनी लड़कियों को घर में ही रहने की सलाह देते होंगे। रात के समय तो लड़कियां बसों में नहीं होती थीं। फिर भी मैंने साहस करके वहां दाखिला ले लिया था। रात को घर आते समय मैं बस में चढ़कर भी आंतरिक रूप से डरी रहती और ऊपर से निर्भीक-सी दीखने का प्रयास करती।

कोचिंग के दौरान कोचिंग सेंटर में कुछ दलित युवक-युवतियों से मुलाकात हुई जो डॉक्टर अम्बेडकर की विचारधारा को मानते थे जिनमें विशेष थे—जयपाल, जे.एस. आनंद, सुशीला, सुजाता, सुनीता, मोहन सिंह, भगवान दास आदि। डॉ.

अम्बेडकर की जयंती और बौद्ध धर्म के बारे में अक्सर बातचीत किया करते थे। उनकी चर्चाओं में दलितों पर होने वाले अत्याचारों की गाथाएं हुआ करती थीं। एक दो माह में ही हम छात्र-छात्राओं का एक छोटा-सा समूह बन गया। इस ग्रुप के प्रतिभागी युवक-युवतियां किशोर अवस्था से बाहर आये थे। आपसी विचार-विमर्श और तालमेल से उन्होंने रचनात्मक कार्य करने की योजना बनाई। यह ग्रुप हर रविवार को दिल्ली के किसी देहात में जाकर वहां के लोगों से मिलता। उस गांव की भौगोलिक स्थिति के साथ वहां के सामाजिक, धार्मिक आधारों का विश्लेषण करता। उनके सामाजिक ताने-बाने को समझने का प्रयास करता या फिर अखबार में छपी किसी खबर या घटना पर बैठकर घंटों चर्चा करता। राजघाट पर एक छोटा-सा बौद्ध विहार था। बौद्ध धर्म में हमारी नयी-नयी आस्था जाग रही थी। हिन्दू धर्म में अनेकों देवों को पूजते-पूजते हमारे संस्कारों में अंधविश्वास, मिथ्या विश्वास, आडम्बरों की भरमार थी जिसने हमारे आत्मविश्वास को मार दिया था। बौद्ध धर्म के संस्कारों के करीब आते-आते हमारा जीवन प्रकाशमय होने लगा। हम पूजा-पाठ से हटकर समाज कार्य व श्रमदान की भूमिका समझने लगे। हम टूटे-फूटे बौद्ध विहार में श्रमदान करके उसे दुरुस्त करने जाते थे। उसकी साफ-सफाई करते। हमारे इस ग्रुप ने अपना नाम क्रिश्चियन ग्रुप के तर्ज पर 'यंगमैन बुद्धिस्ट एसोसिएशन' रख लिया। इस समूह से मैं जे.एस. आनंद, सुशीला के माध्यम से मिली। यंगमैन बुद्धिस्ट ऐसोसिएशन के पदाधिकारी नागर, आर. के. गौतम, हरित, मधुकर, सुशीला के साथ पढ़ने वाली अन्य दलित लड़कियां थीं जो करौलबाग में रहती थीं। द्रोपदी एवं सुशीला रैगर से भी हमारी मुलाकात हुई। हम सभी के दिल बसंत के मौसम में खिले-खिले सरसों के फूलों की तरह महक उठे थे। हम सबकी तरुणायी ने अपने सताये हुए समाज को संगठित करने की मुहिम में स्वयं को डुबो दिया। किताबें पढ़ना, बहस करना और साथ-साथ घूमकर दलित मोहल्ले व गांवों में घूमना हमारी दिनचर्या बनती जा रही थी। प्रेम करने की उम्र में हम अपने समाज से प्यार कर रहे थे। मित्र मंडली में आपस की दोस्ती रंग लाने लगी थी। यहां मेरी मुलाकात कृपा गौतम से हुई।

धीरे-धीरे सहज ही हमउम्र साथियों में कुछ प्रेम उभरने लगे। हालांकि अब समूह में कुछ छोटे-छोटे कपल बन रहे थे, वे परस्पर एक-दूसरे के आकर्षण में बंध रहे थे। यह उम्र ही ऐसी थी परन्तु मेरे आदर्श थे मेरा भाई मनोहर... रमेश, हबीब, तेजेन्द्र सिंह, आनन्द और उसकी दोस्त, एक अभियान के दौरान सागर से मुलाकात हुई, वह मोरी गेट के पीछे बसी एक दलित बस्ती में चमड़ा रंगने

का काम करता था। उसके दोनों हाथ उंगलियों के पोर से लेकर कलाई तक लाल रंग में रंगे हुए थे। हमारी ही उम्र का वह युवक अपने घर का खर्चा चलाने के लिए दिन भर काम करता और शाम के वक्त पढ़ाई करता था। उसके चार छोटे भाई और अपंग पिता थे और मां कोठियों में काम करके अपने बच्चे पाल रही थी। सागर अपनी मां के साथ बचपन से ही सहारा बनकर खड़ा हो गया था।

हम युवक-युवतियों का छोटा सा ग्रुप दलित बस्तियों में जा-जाकर युवाओं को ढूंढ़ता था और वहीं उनसे खुली चर्चा भी करता था। इसी प्रक्रिया में सागर हमारे ग्रुप में शामिल हो गया। वह बहुत चुस्त था। बहुत जल्द ही उसने हम सब में अपनी खास जगह बना ली। वह झटपट हर अवसर पर कविताएं लिख लेता था। समाज सुधारने हेतु लेख भी लिखने लगा। बुद्धिस्ट सोसायटी की पत्रिका 'धम्म दर्पण' में विशेष तौर पर लेख लिखने लगा। धीरे-धीरे वह भारतीय बौद्ध महासभा में सक्रिय कार्यकर्ता बन गया। पंचशील, त्रिपिटक, सब्बे सत्ता उसे याद हो गयी थी। हम यंगमैन बुद्धिस्ट एसोसिएशन से जुड़े थे परन्तु धीरे-धीरे निष्क्रिय हो गये। हमने उसके समानान्तर 'यूथ स्टडी सर्कल' बना लिया। हम अब बस्ती-बस्ती जाकर स्कूल व कॉलेज में पढ़ने वाले लड़के-लड़कियों से निबंध लिखवाते, उन्हें टाइप करवाकर साइक्लोस्टाइल करवाते। साइक्लोस्टाइल पेपरों को स्टैपल करके मैग्जीन की शक्ल देते फिर उन्हें वापस वहीं वितरित भी करते। इसी तरह हम सामाजिक विषयों पर छात्रों के बीच वैचारिक काम करने की कोशिश कर रहे थे। हम जो खुद सोच रहे थे वही विचार उन्हें देना चाहते थे। सागर नौकरी के लिए जगह-जगह पेपर दे रहा था। आखिरकार वह एक बैंक में बाबू की नौकरी पा गया। हम और हमारे अनेक मित्रों का अड्डा कृपा गौतम का घर हुआ करता था। कृपा अपने पिता की एकमात्र संतान थी और उसकी मां उसे गोद में ही छोड़कर मर गयी थी। अतः चाचाजी यानी कृपा के पिताजी ने ही उसे मां और बाप दोनों का प्यार दिया। अपनी इस बेटी के पालन हेतु उन्हांने अपनी दूसरी शादी नहीं की। चाचाजी रिपब्लिकन पार्टी के कार्यकर्ता व नेता थे। डॉ. अम्बेडकर के कट्टर अनुयायी। हमारी मंडली में नित नये लोग प्रवेश कर रहे थे तो कुछ पुराने छूटते जा रहे थे। क्योंकि धीरे-धीरे उनके माता-पिता ने उनके लिए जीवनसाथी ढूंढ़-ढूंढ़कर शादी कर रहे अतः वह धीरे-धीरे निष्क्रिय भी हो रहे थे।

मेरी सहेलियों में सुजाता, द्रोपदी, सुशीला, सुनीता, शकुन्तला, ऊषा गौतम

एवं कृपा गौतम में से द्रोपदी की शादी मेरठ के किसी गांव में एक बीआईएमएस डॉक्टर के साथ कर दी गयी थी। ऊषा गौतम की शादी भी तुर्कमान गेट में ही एक युवक से कर दी गयी। सबकी कहीं न कहीं बात हो रही थी। कृपा किसी को चाहती थी पर वो इंसान बहुत ही मतलबी था। वह आईएएस का पेपर दे रहा था।

अम्बेडकरवादी स्टूडेंट फेडरेशन दिल्ली विश्वविद्यालय में उन दिनों सक्रिय थी। कृपा इस दल की सक्रिय कार्यकर्ता थी। ब्रह्मप्रकाश इसके अध्यक्ष थे। काफी दलित छात्र व छात्रा इसके सदस्य थे। ज्यादातर इसके सदस्यों में तिबिया कॉलेज में पढ़ने वाले दलित छात्र, दिल्ली विश्वविद्यालय के बी.ए. एवं एम.ए. करने वाले छात्र थे। इनकी बैठकें जुबली हॉल हॉस्टल में हुआ करती थी, क्योंकि ज्यादातर छात्र जुबली हॉस्टल में रहते थे। हमारी बैठक का एक और अड्डा था वह था समाज कल्याण द्वारा चलाये जाने वाला दलित छात्रों का हॉस्टल नेहरू हॉस्टल जो करौलबाग में ही तिबिया कॉलेज के बगल में ही था। कृपा इस दल की उपाध्यक्ष सदस्य थी।

द्रोपदी और मैं पूर्व प्रशिक्षण केन्द्र में मिले थे। हम पढ़ वहां रहे थे। जे. एस. आनन्द और सुशीला के संपर्क में आने के कारण इस फेडरेशन में सदस्य बन गये थे। जे.एस. आनन्द बहुत सक्रिय था। वह टीम का नेता था। वहीं से मैं कृपा के घर वाले अड्डे में शामिल हो गयी।

कृपा अक्सर एक लड़के की ही बात करती रहती थी। वह उससे इस कदर आकर्षित थी कि आसपास के अन्य लड़के जो उसे प्रेम निवेदन करना चाहते थे, उन्हें नजरअंदाज कर देती थी। हालांकि वह मुझसे सीनियर थी। उसकी बातों में एक रस होता। लड़के उससे बहुत आकर्षित होते। मैं भी उसकी सारी बातें चुपचाप सुनती।

❒

तुर्कमान गेट

कृपा के घर आना-जाना शुरू हुआ तो उसके पापा जिसको वह चाचाजी कहती थी हम भी उन्हें चाचाजी कहने लगे। चाचाजी रिपब्लिकन पार्टी के नेता थे। सिर पर नीली टोपी और आंखों में चमक लिये दिनभर चहकते रहते। कृपा की मां उसे गोद में ही छोड़कर चल बसी थी। चाचाजी ने ही उसे पाल-पोसकर बड़ा किया था। वे चाहते थे कृपा राजनीति में आये परन्तु कृपा शादी करके घर बसाना चाहती थी क्योंकि वो शायद अपने घर में 'अकेली' थी, उसके कोई बहन-भाई नहीं थे इसलिए वो एक से अनेक होने की संकल्पना संजोये रहती।

अम्बेडकर स्टूडेंट फेडरेशन में अनेक नौजवान लड़के-लड़कियां थे जिनमें डॉ. गीता, शेरसिंह, विमलेश, आर.के. गौतम, महावीर सिंह, कटारिया, अशोक कुमार, वेदप्रकाश, डॉ. मधुकर, डॉ. हरित, सभी लोग मिलकर समाज कार्य के लिए जुड़े। दिल्ली विश्वविद्यालय का जुबली हॉल भी फेडरेशन का एक अड्डा था, जिसमें इस फेडरेशन के अध्यक्ष ब्रह्मसिंह स्वयं रहते थे।

कृपा की एक अन्य सहेली ने उस लड़के के मन को टटोला तो उसने कहा कि मैं शादी करने को तैयार हूं परन्तु मेरे मां-बाप नहीं चाहेंगे क्योंकि उनके घर में खाट बिछाने वाला कोई नहीं है। इस बात से आहत होकर कृपा ने अपना मन उसकी तरफ से मोड़ लिया क्योंकि यह बात एक लड़की के खुद्दारी को चुनौती के साथ दयाभाव देती प्रतीत हो रही थी।

लड़के की बात सुनकर धक्का लगा था कृपा को। कितने प्यार से उसने उसके लिए स्वेटर भी बुना था। स्वेटर की ऊन को जिंदगी के ताने-बाने में सपनों में डुबोकर बड़े प्यार से अनेक रंगों में सुंदर-सुंदर डिजाइनों में उसने अपने अरमान पिरो दिये थे। स्वेटर के साथ उसके अरमानों को हवा में उड़ा दिया।

परम्पराओं ने कैसे आदमी की शिक्षा, इंसानियत और प्रगतिशीलता को कैद करके रख दिया है यह मुझे उसी समय समझ आ गया था। उसी कसक में

डूबी-डूबी वह अंदर तक पीड़ित महसूस कर रही थी। पर प्यार किसी पर जबरन नहीं लादा जा सकता था। लड़की के भाइयों का न होना क्या इतनी बड़ी बात थी? क्या प्यार को गणित में ढाला जाना चाहिए? कृपा के भाई नहीं हैं तो क्या उससे शादी करने में इसलिए मनाही हुई है? या इन सबके ऊपर भी कोई बड़ा सच छुपा हुआ कारण था।

मैंने कृपा वाली बात अपने भाई मनोहर को बतायी तो उसे बहुत बुरा लगा और उसने कहा वो अकेली कहां है मैं हूं उसका भाई। वो खुद को कभी अकेले ना समझे। हम करेंगे उसकी शादी।

तीन साल बाद हमें पता चला कि वह लड़का हरियाणा के किसी कोने में एस.डी.एम. बन गया। एक धन्ना सेठ दलित अफसर की बेटी के साथ गृहस्थ जीवन जमा लिया।

जहां तक प्रेम की बात है प्रेम तो शादी के बाद हो ही जाता है। एक गांव का युवक शहरी बेटी के साथ मिडिल क्लास जीवन बिता रहा था। भविष्य के सुनहरे सपनों को अमीरी की चमक के सामने उसने अपने दिल की आवाज का गला घोंट दिया। उसने मेरी सहेली को निराश कर दिया था। कृपा ने एक ऐसे लड़के से प्रेम करना शुरू कर दिया जो पहले तो सोशल वर्कर होने की वजह से उसे पसंद कर रहा था, बाद में सामाजिक गतिविधियों का विरोध भी करने लगा। उसके संपर्क और संसर्ग से धीरे-धीरे पुराने सब साथी छूटते गये।

अब साथी बिछुड़ रहे थे। लेकिन कुछ समय बाद एक असफल प्रेम की परिणति एक सफल शादी में बदल गयी थी। कृपा के मन में खिले प्रेम के फूलों ने उसकी जिंदगी शूलों से भर दी। हालांकि कृपा के पिताजी जिन्हें हम चाचा जी कहते थे, वे कृपा की इस शादी के लिए सहमत नहीं थे। कृपा उस समय बहुत आलसी थी। वह घर के काम के नाम पर केवल रोटी बनाती, साफ-सफाई चाचा जी करते। सुभाष भूषण से शादी करके घर बसाने के लिए कृपा ने बहुत मेहनत की। अब उसमें आलस बिल्कुल नहीं था।

हमारी पुरानी मंडली धीरे-धीरे छोटी होने लगी। हालांकि नित नये लोग हमारे सम्पर्क में आ रहे थे। हमसे उम्र में बड़े साथियों की शादी उनके माता-पिता द्वारा करायी जाने लगी।

इधर हमारे घर में मेरी शादी के लिए पिताजी चर्चा करने लगे थे। पिताजी कई सालों से इसी प्रयास में लगे हुए थे। हमारी मित्रमंडली से उन्हें चिढ़ भी थी। सागर की बैंक में नौकरी लगते ही उसकी शादी के लिए रिश्ता आ गया।

मैं, सागर, कृपा हम बहुत घनिष्ठ मित्र बन चुके थे। सागर के लिए जो रिश्ता आया उससे हम बेहद खुश हुए। मैं और कृपा हम दोनों उसकी मंगेतर से मिलने भी गये। उसकी मंगेतर पढ़ी-लिखी थी व बच्चों को ट्यूशन पढ़ाती थी। वह काली मस्जिद दलित बस्ती में रहती थी जिसमें दलित लोगों के विचार बहुत ही पिछड़े हुए थे। वहां शादी से पहले लड़के और लड़की को दिखाना बुरा समझा जाता था, चाहे वह कितने ही पढ़े-लिखे क्यों न हों। कृपा उस बस्ती में आंगनवाड़ी वर्कर का काम करती थी। अतः कृपा उसे अच्छी तरह पहचानती थी। शादी के दिन धीरे-धीरे नजदीक आ रहे थे। उसकी शादी से एक हफ्ते पहले अचानक एक विस्फोट हुआ जिसकी लपटें हमारी मित्रमंडली तक पहुंचीं। इस विस्फोट की खबर कृपा ने मुझे भी दी। तभी कृपा ने मुझे बताया–

'तुझे पता है सागर तुझे प्यार करता है? तुझ पर मरता है।'

मैं कृपा की बात सुनकर अवाक रह गयी। मुझे इस बात का जरा भी अंदाजा नहीं था कि अपनी शादी के एक हफ्ते पहले ऐसी बात कहेगा। मैंने नाराज होते हुए कृपा को जोर से डांटा ''यह क्या बकवास है' अगले हफ्ते उसकी शादी है? ऐसी बात तुम क्यों कर रही हो... और मेरी तरफ से कुछ नहीं है?''

उसने मेरे गुस्से पर पानी फेरते हुए रहस्य खोला, ''सुन... कल रात वो मेरे घर आया था। शायद उसने पी रखी थी। इतनी बातें कीं उसने कि मैं तुम्हें बता नहीं सकती! रो भी रहा था, उसकी सारी बातें सिर्फ तुझ पर आकर टिकती थीं।''

चाचाजी चुपचाप हंस रहे थे। कृपा घायल नजरों से चिढ़ा रही थी। चाचा जी हंसते जा रहे थे और चाय भी बना रहे थे और गुनगुनाते हुए उन्होंने भी मुझसे पूछा 'क्यों भाई, उसने कभी तुम्हें इजहार नहीं किया? शायद इसीलिए वह एक बोझ में दबा हुआ है, मैंने चुप रहना ही अच्छा समझा। मैं और मेरी संवेदना भौचक्की सी थी। बेशक सागर सौम्य, शालीन, मृदुभाषी, मेहनती, ईमानदार और आदर्श किस्म का युवक था। मैंने उसे कभी इस नजर से नहीं देखा था।

अब क्या हो सकता है? वक्त बीत चुका था अब मैं उससे मिलना नहीं चाहती थी। मैंने यह भी सोचा कि मुझे उसकी शादी में नहीं जाना चाहिए। लेकिन शादी से एक रात पहले उसका छोटा भाई एक चिट्ठी लेकर आया जिसमें सागर ने बहुत ही विनम्र निवेदन से कहा था कि जैसे भी हो जल्दी से जल्दी आ जाओ मैं यहां अकेला हूं। शादी की इस भीड़ में दोस्तों के बिना एकदम अकेला हूं। मनोहर भाई ने वह चिट्ठी पढ़ी थी और मुझसे पूछा कि माजरा क्या है? तुम

शादी में क्यों नहीं जा रही हो? मैंने उन्हें कुछ नहीं बताया। भैया शायद कुछ ताड़ गये थे। उन्होंने कहा, तुम्हें शादी में जरूर जाना चाहिए। उन्होंने मुझे जाने को कहा मैं तैयार हो गयी। छोटे बहन-भाई खुद ही तैयार हो गये क्योंकि उनका भी सागर से बहुत लगाव था। सागर की शादी धूमधाम से हो रही थी। मैं और कृपा भीड़ में शादी के माहौल में खुद को खुश दिखाने की कोशिश कर रहे थे। उसके मां-बाप मुझसे जो इतना प्यार करते थे, मुझे उपेक्षित नजरों से देख रहे थे। शायद सागर ने अपने घर में भी अपने प्रेम की अभिव्यक्ति कर दी थी। शादी के बाद सभी मेहमान जाने लगे तो, मैं भी तुरन्त अपने बहन-भाइयों के साथ लौट आई।

मैंने मन पक्का कर लिया और सोचा कि इसको इसके हाल पर छोड़ देना चाहिए। सोच लिया कि अब पीछे मुड़कर नहीं देखना। परन्तु मन मेरा भी बेचैनी से परेशान था। इतने दिनों हम सब साथी साथ थे अचानक सागर फिर कभी न मिलने की सूरत को मैं सहज भी नहीं ले पा रही थी। खैर....।

मैंने फिर कभी मुड़कर न देखने के बारे में सोचा। फिर भी उसके बारे में खबरें लगातार आती रहती थीं। कभी पता चलता दोनों मियां-बीवी का बहुत झगड़ा हुआ है। फिर पता चला कि दोनों की नहीं पटती, दोनों एक-दूसरे को बर्दाश्त न करने की हद तक टार्चर करते हैं। वह मजनूं बन गया है। रात-दिन शराब पीता रहता है। नौकरी पर भी नहीं जाता। फिर कोई कहता बेचारी उसकी बीवी की किस्मत फूट गयी है। न जाने किस कमीनी ने उसका चैन छीन लिया...क्योंकि अक्सर वह नशे में यही बड़बड़ाता, मेरा चैन लुट गया...मैं जीना नहीं चाहता...मैं खुद को मिटा दूंगा।

पंचशील अम्बेडकर के विचारों के प्रति समर्पित एक युवक शराबी हो गया। यह सब किसने किया, क्या प्रेम ने? सुना है प्रेम तो ऊर्जा देता है, प्रकाश देता है, जिंदादिली देता है। प्रेम जीवन देता है। यहां ऐसा क्यों हुआ कि प्रेम की भावना ने उसके जीवन में निराशा भर दी। वक्त उड़ गया। चारों तरफ धुंध-सी छा गयी। प्रेम की अभिव्यक्ति में बसंत आने से पूर्व ही पतझड़ से ठूंठ ने जीवन को उसके रौंद दिया।

मैं उसकी मदद करना चाहती थी। मुझे उससे सहानुभूति भी थी। किन्तु प्रेम का झूठा सहारा नहीं देना चाहती थी। वह मेरा दोस्त था। मुझे उसके बरबाद होने का दुख था। परन्तु मैं उसे रोक नहीं सकी, वह अपनी बेजार बदहाल जिंदगी खुद जी रहा था। अपनी इस बदहाली से उसे खुद ही उबरना था। जिंदगी एक

बार मिलती है, उसको यूं ही शराब में डुबोना गलत है, उसे यही बात समझाने की कोशिश बार-बार की गयी। कभी दोस्तों द्वारा, कभी रिश्तेदारों द्वारा, परन्तु उसने जिंदगी के सामने घुटने टेक दिये। वह बे-रोक-टोक अपनी दुनिया में मस्त डूबा रहा, गृहस्थी चलती रही। एक बेटी हुई फिर दूसरी। बेटियों से उसका लगाव था। परन्तु वह लगाव भी उसे बदल नहीं पाया।

एक दिन मेरा मन बहुत बेचैन था। सागर से मिलने की बड़ी इच्छा हुई। दोपहर बाद अपने आफिस से शार्ट लीव लेकर मैं उसके बैंक पहुंच गयी। उस समय वह कैश काउंटर पर काम कर रहा था। मैंने बाहर से उसके बाहर के शीशे पर खट-खट की तो उसने सोचा कि कोई ग्राहक है। बिना देखे ही बोला कि 'कल आना जी, अब क्लोज कर दिया है।'

❐

जातिवाद मुर्दाबाद

हमारी सामाजिक गतिविधियां बढ़ती ही जा रही थीं। कांग्रेस सरकार के शासन का ग्लैमर दलित समाज पर बढ़ता ही जा रहा था। दलित पैंथर के उभार पर उनके नेताओं ने अपने सुखों के लिए समझौते कर लिये थे। उत्तर भारत के उभरते हुए नेता बी.पी. मौर्य भी कांग्रेस की छत्रछाया में फलने-फूलने और बहकने लगे थे।

श्रीमती इंदिरा गांधी के शासन में बिहार में कोई हत्याकांड हुआ। दलितों का नरसंहार हुआ। दिल्ली में कार्यकर्ता जगह-जगह मीटिंग कर रहे थे। अपने लोगों की मासूम हत्या पर आक्रोश जाहिर कर रहे थे। जातिवाद का घिनौना रूप जब-तब दलितों की अस्मिता को रौंदता रहा है। दिल्ली के अम्बेडकर भवन में सैकड़ों लोग इकट्ठे हुए, जाति के विरुद्ध काले झंडे लेकर सड़कों पर उतर आये। 'दलितों का खून बहा तो, खून बहेगा सड़कों पर', ब्राह्मण मुर्दाबाद, जातिवाद हो बरबाद, सामंतवाद मुर्दाबाद, दलित एकता जिंदाबाद, डॉ. अम्बेडकर अमर रहें, के नारों से कनॉट प्लेस की सड़कें गूंज उठीं। नीला आकाश कांपने लगा। नीली-नीली टोपियों वाले बुजुर्ग नेता लोग आसमान में नारे उछाल रहे थे।

रैली अम्बेडकर भवन से जब शुरू हुई थी तो केवल सैकड़ों लोग थे, लेकिन वोट क्लब जाते-जाते यही रैली हजारों की संख्या में बदल चुकी थी। रैली का तेवर भी उग्र होने लगा था। नारे लगाते हुए लोग वोट क्लब के मैदान में जहां नेताओं को भाषण देने के लिए मंच बनाया गया था वहीं आसपास बिखरकर बैठ गये। नेताओं के भाषण शुरू हुए। मंच पर दलितों के प्रख्यात नेता बी.पी. मौर्य आये तो लोगों ने दिल थाम लिया। मौर्या जी जब भाषण दे रहे थे तो उनके तेवर एकदम बदले हुए थे।

यह क्या? दलितों का एक शेर आज मंच पर बकरी की तरह मिमिया रहा है। श्रीमती गांधी के गुण गा रहा है। यह सभा कांग्रेस की चुनावी रैली तो बिल्कुल

नहीं थी। आज हमारे दिलों में आग लगी। बहनों का कत्लेआम हुआ। जातीय घृणा के शिकार हम सब आज जवाब देने व मातम मनाने इकट्ठे हुए हैं। मौर्या जी के चापलूसी भरे भाषण के लिए ही क्या हमने बस्ती-बस्ती नुक्कड़ मीटिंग करके लोगों को इकट्ठा किया था? मेरा सद्विवेक मुझे अंदर से उकसा रहा था। मेरी चेतना ने मुझे धिक्कारा। मुझे एक विरोध करने का उपाय सूझा। सभा स्थल से ही मैंने काला झंडा उठाया और वी.पी. मौर्या मुर्दाबाद, मौर्या वापस जाओ, कांग्रेस के चमचो मुर्दाबाद, जोर-जोर से चिल्लाना शुरू किया। आनन-फानन में वहां दो गुट बन गये। कुछ लोग मेरे साथ खड़े हो गये और चिल्लाने लगे वी. पी. मौर्या मुर्दा...बाद!

एक गुट के लोग मुझे मारने दौड़े, बीच सागर आ खड़ा हुआ। दो लोगों ने उसको पटकी दे दी। उसका जबड़ा गुस्से में मरोड़ दिया। उसके घुंघराले बाल पकड़कर खींचे। यह दृश्य देखकर हमारे सारे नौजवान साथी इकट्ठे हो गये। फिर क्या था, मार-पिटाई शुरू हो गयी। अफरा-तफरी देखकर मौर्या जी मंच छोड़कर चले गये। दलितों के कत्लेआम की विरोधी सभा अस्त-व्यस्त हो गयी। हमारे दोस्तों ने मेरे साहस की दाद दी। लड़ाई-झगड़े-आपाधापी में हमारे कपड़े फट से गये थे। मुझे, कृपा, सुशीला, जे.एस. अनन्द को....अम्बेडकर भवन के कुछ लोगों ने जगजीवन राम के सिखाये गुंडे तक कह दिया था जबकि हमारा जगजीवन राम से दूर तक कुछ लेना-देना नहीं था और अन्य...साथी वहां मौजूद थे।

सभा विर्सजन के बाद सब चुपचाप अपने-अपने घर लौट आये। हमारा रक्तचाप बढ़ा हुआ था। हमारी रंगत देखकर कोई भी अंदाजा लगा सकता था कि हम लड़-भिड़कर आये हैं। मैंने बड़े भैया मनोहर को भी कुछ नहीं बताया। वह उस दिन अपने (ड्यूटी) काम पर गये हुए थे और रात को ही लौटते थे। सभा में डंडे चलने की बात भी नहीं बतायी। हालांकि सभा में मार-पिटाई की बात हवा की तरह हमारे समाज में फैल चुकी थी। हमारे छुपाये नहीं छुपी।

रविवार छुट्टी का दिन होता है। उस दिन मैं कहीं नहीं जाती थी। भाईजी चौकीदार की तरह तीखी निगाहों से खुंदक में घूरते रहते थे। अचानक अगले दिन ही सुबह होते ही रमेश हमारे घर आ गये। भाईजी को उसके तेवर बिल्कुल पसंद नहीं थे। जैसे ही रमेश आया भाईजी अखबार उठाकर घर से बाहर चले गये। रमेश ने घर में घुसते ही भैया से सवाल किया, 'क्यों भई मनोहर, क्या हाल है। आ बैठ। कहते हुए भैया ने उसे अपने साथ खाट पर बैठाया, रमेश

ने बैठते ही मनोहर से पूछा, 'पता चला मौर्या को काले झंडे किसने दिखाए?'

''पता नहीं यार मुझे तो कल छुट्टी मिली नहीं थी इसलिए सभा में जा न सका। रमेश ने मेरी तरफ देखते हुए कहा, झंडे उठाने वाले घर में ही बैठे हैं। ये है न हमारी रज्जो बहना इसी का काम था! पता है खूब भगदड़ मची कांग्रेस के चमचों में। इन बच्चों ने खूब खबर ली। मैं रमेश की बात सुनकर शर्मिन्दा हो रही थी। मेरी पोल पट्टी खुल रही थी। परन्तु ये है न हमारी रज्जो बहना कितना प्यार था, कितना स्नेह था, उसकी बातों में और मैं मूर्ख उसे कुछ और ही समझ बैठी थी शायद मेरी उम्र का ही दोष था। मैं अब खुली सांसें लेने लगी। अब मैं उसके असीम स्नेह को असल में समझने लगी। अपनी कल्पनाओं की बेवकूफियों को भी समझ रही थी। चंद आकर्षण बुलबुले की तरह बनते-फूटते रहते हैं। अक्सर हर किसी की जिंदगी में एक ठंडी बयार आती है जो उसे छूकर निकल जाती है। यह कुछ प्राकृतिक नियम जैसा ही था। मैं अपने उस संकोच से मुक्त हो चुकी थी और रमेश के साथ मेरा लगाव सामान्य से प्रगाढ़ हो गया। अब मैं खुलकर उसके साथ बात करने लगी। उसी शाम को भैया का एक और दोस्त देवी सिंह भी आया। फिर वही चर्चा हो रही थी वही हमारी हिम्मत की दाद देने वाली बातें होने लगीं। मनोहर भैया ने मेरी खूब तारीफ की। भैया कह रहे थे, 'जो काम हम नहीं कर सके वह इन लोगों ने कर दिया।' भाईजी को सुनकर अच्छा नहीं लग रहा था। फिर भी वह बहस में शामिल हो गये। उन्होंने समझाने के लहजे में कहा, 'ये दिन तुम्हारे राजनीति करने के नहीं, पढ़ने के दिन हैं और तुम लड़की को बहुत बिगाड़ रहे हो। तुम्हारे पीछे-पीछे छोटे बच्चे भी चल दिये हैं।' रमेश तो जल्दी चला गया था परन्तु सुबह से शाम तक तरह-तरह से भाईजी समझाते रहे हम दोनों चुप ही रहे। जब भैया भाईजी को समझाते तो भाईजी मन मारकर चुप हो जाते। शायद वो भी धीरे-धीरे हमारे इस अभियान में दबे पांव शामिल हो रहे थे।

उसी दौरान एक सुबह जब मैं घर के सारे काम खत्म करके कुछ पढ़ने बैठी तो दो अपरिचित भंते गली में मेरा नाम पूछ-पूछकर हमारे घर तक आ पहुंचे। उनके साथ-साथ हमारी गली में ढेर सारे बच्चे घर तक उन्हें छोड़ने आये। पीले कपड़ों में लिपटे दो नवयुवक भिक्षु बच्चों के लिए बहुत आकर्षक बने हुए थे। बच्चे उन्हें हमारे घर लाकर अब वहीं आसपास खड़े रहे। दोनों भिक्षुओं ने अपना-अपना परिचय दिया और बताया कि वे बिजनौर से आए हैं और मजदूरों को इकट्ठा करके संगठन चलाते हैं। चीवर पहने बौद्ध भिक्षुओं ने बताया कि

चीवर पहनना हमारी एक रणनीति है। चीवर पहनकर हम दलित समाज में रहते थे और वे हमें खाना-कपड़ा देते हैं। मैंने उनके लिए चाय बनाई। चाय पीते-पीते भंतों ने मुझसे मौर्या का विरोध करने के बारे में चर्चा की। वे मेरे इसी कृत्य से प्रभावित होकर यहां तक आये थे। बौद्ध भिक्षु होते हुए भी मजदूरों का संगठन बनाने की बात को लेकर मैं भी उनसे प्रभावित हो गयी। बातचीत के दौरान ही हमने मौर्या के अधूरे विरोध को पूरे विरोध में बदलने के लिए इंदिरा गांधी की शवयात्रा निकालने की योजना बनाई। यह भी योजना बनाई कि अर्थी को कुछ लड़कियां ही कंधा देंगी। मैंने इन भंतों को अपने पूरे ग्रुप से मिलवाया। चूंकि हमारा ठिकाना कृपा का घर था अक्सर वहीं हमारी अड्डेबाजी होती थी इसलिए मैंने वहीं उन्हें बुलाकर उनका सबसे परिचय कराया।

पूरे ग्रुप से मुलाकात करने के बाद वे दोनों भी हमारे ग्रुप में शामिल हो गये। हम सब धीरे-धीरे घुल-मिल चुके थे। हम भंतों के क्रांतिकारी विचारधारा से प्रभावित हुए। उनका खुद का अपना एक ग्रुप रामनगर में सक्रिय था जिसमें कुछ लोग नौकरीशुदा थे। उन लोगों में रामभूल मौर्या, मास्टर श्यामलाल मक्करवाल इस ग्रुप के दो प्रमुख लोग थे। मनोहर भैया के ग्रुप के दो साथी हबीब अख्तर और तारा नेगी की भी इनसे मुलाकात करवायी गई।

मेरठ में एक अन्य ग्रुप और था जो भंतों से परिचित थे। मास्टर वीरेन्द्र श्रमिक वह शाहदरा के राजकीय विद्यालय में पढ़ाते थे। पाठ्यक्रम के साथ-साथ वह अपने स्कूल में छात्रों को समाज परिवर्तन की धारा से परिचित कराते रहे थे। हम सब अलग-अलग धाराओं में काम कर रहे मोटे तौर पर कहीं न कहीं बहुत सक्रिय थे, उत्तर भारत की राजनीति में कांग्रेस की मजबूत पकड़ थी। दलित अवाम 'पार्टी राजनीति' में कांग्रेसी थी। दलित नेता भी उनके इस राजनीति में अपना उल्लू सीधा कर रहे थे। दलितों के हित साधने व उनका उत्थान करने वाली पार्टी के शासनकाल में भी दलितों के प्रति जधन्य कत्लेआम हुए हैं और कांग्रेस सरकार चुप लगा गयी। ऐसे में हम नौजवान महाराष्ट्र की युवा शक्ति से प्रेरणा लेकर दलित पैंथर बनाने मुहिम में जुट गये। दोनों भंतों में एक का नाम अमितसेन था तो दूसरे का वौधिरत्न दिवाकर था।

अमित ने दिवाकर भंते और अपने साथियों के साथ मिलकर दलित पैंथर के गठन के लिए बैठकें बुलाईं। हमारे ही घर शंकर नगर में बैठकर दिवाकर, अमित और मैंने दलित पैंथर के संविधान का प्रारूप बनाया। घर से तीन किलोमीटर दूर टाइप की दुकान अजीत नगर में थी मैं स्वयं पैदल जाकर प्रारूप

को टाइप कराकर लायी। अपने घर खर्च से ही टाइप वाले को पैसे दिये। उस समय हम अपने घरवालों के पैसे पर ही निर्भर थे। जब मैं संविधान टाइप कराकर वापस लौटी तो उन्होंने मुझे हंसकर कहा, कामरेड जिंदाबाद। मेरी पहचान बढ़ती जा रही थी। भाईजी त्रस्त होते जा रहे थे। मां की बीमारी से खिन्न होकर छोटे भाई-बहन स्कूल जाते। भाईजी मुझ पर बात-बात पर बरसने लगे थे। मैं घर संभालते हुए भी अपने सामाजिक कामों में जुटी थी पर वे बिल्कुल नहीं चाहते थे। वे इतना कम पैसा देते कि घर का खर्च चलना मुश्किल हो गया। वह शायद ये समझकर कि न रहेगा बांस न बजेगी बांसुरी। न पैसा होगा न मैं बाहर जाऊंगी। इतना कम पैसा देते कि दूध भी आधा मंगाना पड़ता। सब्जी भी कम खरीदनी पड़ती। उनकी यह रणनीति मैं समझने लगी थी।

एक बार मैं महीने भर कहीं नहीं गयी। घर में रहकर भी किताबें पढ़ती रहती। राहुल सांस्कृत्यायन और हार्वडफास्ट की किताबें भैया लाये थे वह सब मैंने पढ़ डालीं। उन किताबों को पढ़कर मेरे शरीर में बिजली कौंधने लगी। मन बड़ा बेचैन था। घर से बाहर निकलने के लिए मन उड़ान ले रहा था। किताब पढ़ने के बाद शरीर और मन ऊर्जा से और भर उठा। घर से बाहर जाने का किराया मेरे पास नहीं था, फिर भी घर से बाहर जाने के लिए मैं तैयार हो गयी। कृपा का घर मेरे घर से आठ या नौ किलोमीटर दूर था। मैंने पैदल ही उसके घर की राह ली। पैदल-पैदल मैं प्रफुल्लित सी चल रही थी तो लग रहा था कि पांव में पहिये लग गये हैं। काफी दिन बाद अपनी मित्रमंडली से मिलने की चाह में आवेग में बह रही थी। थोड़ी ही देर में मैं कृपा के घर पर थी। मुझे लगा मैं बहुत जल्दी ही पहुंच गई। वहां पहुंचकर देखा तो पूरी मंडली उसके घर जमी हुई थी। मुझे देखकर सब खुशी से चहक उठे। लो इसी की कमी थी यह भी आ गयी। मुझे लगा मुझे देखकर अमित विशेष खुश हुआ। उसकी मुस्कराहट भरी मुस्कान और आंखों के भावों से मैं थोड़ा सकुचा-सी गयी।

''शरमाना परम्परावादी औरतों के गुण हैं।'' उसकी मराठी वाली हिन्दी के भावों में दोस्ती जाहिर हो रही थी। उस समय स्वयं मैं एक तरह की आत्महीनता में जीती थी। मैं न सुंदर थी न ही रंग साफ था, न ही अच्छी पर्सनलिटी थी। अतः अपनी इन हीनताओं को छुपाने के लिए कठोर श्रम जरूर करती थी। मेरा कठोर श्रम जाने-अनजाने ही किसी की नजर में आता। दो हफ्ते बाद मिलने पर सबने मुझे उलाहना दिया कि मैं घर घुसनी हो क्यों हो गयी हूं।

वे सब भी समझते थे कि मैं घर की परिस्थितियों में स्वयं कितनी उलझी

हुई थी। बाकी सब लोग काफी हद तक अपनी जिंदगी अपनी मर्जी से चला सकते थे। कृपा के पिताजी तो कृपा को पूरी आजादी देते थे कि वह समाज का काम करे, नेता बने, बेशक शादी न करे।

हम दो दुनिया में जी रहे थे। दोनों दुनिया एक-दूसरे के विपरीत थीं। एक दुनिया में हंसी-मजाक, मस्ती दोस्ती, खाना-पीना, घूमना, बहस करना था जिसमें हमें मजा आता। दूसरी दुनिया थी हमारे घर की अंधेरी दुनिया जिसमें बहन-भाई, उनकी चिल्ल-पौ, मार-पिटाई, लड़ाई-झगड़ा। मां-बाप अक्सर डांटते रहते। मैं बात-बात पर दबी-दबी बहस करने लगी। गुस्सा जाहिर करने लगी। घर का सामान पटककर असंतोष की मुद्रा में तो कभी गुस्से में भाईजी को जवाब दे देती। भैया बहुत समझाते कि भाईजी को जवाब मत दिया करो इससे भाईजी और भड़कते हैं। भैया बहुत शांत स्वभाव के थे। परन्तु मैं उनके जैसी शांत अब न रही थी।

❐

नागपुर की यात्रा

पूर्व प्रशिक्षण केन्द्र रामजस रोड में आते-जाते शायद पता गलत है करौलबाग में स्थित बामसेक के दफ्तर में हमें मिलवाया तब वहां बल्लू मेश्राम, राधेश्याम, रामगोपाल, वकील साब, कहा जाता था अन्य बहुत लोग मौजूद थे। पहली बार जब हम वहां पहूंचे थे तो वहां कार्यालय का एक कमरा अखबार के लिये था जहां से 'बहुजन संगठक' नाम का अखबार निकलता था, काशीराम जी इस संगठन के सर्वोसर्वा थे बाकी सब उनके अनुयायी थे। सुश्री मायावती भी यहां नियमित आती थीं। मेरी उनसे मुलाकात भैया मनोहर के माध्यम से हुई थी। एक अन्य संगठन एस.एफ.आई भी उन दिनों करौलबाग में सक्रिय था जिसमें तेजस्वी रवि, पूर्णिमा, उत्तम, राजकुमार, ललित कुमार, मंडीतिया थे। मेरी मुलाकात पूर्णिमा से थी। अलग-अलग संगठनों में सब दलितों की समस्या पर काम कर रहे थे, सब मिलकर अपनी अस्मिता की लड़ाई लड़ रहे थे।

मैंने हिन्दी आशुलिपि में डिप्लोमा किया हुआ है और अभी सरकारी नौकरी पाने के लिये पेपर वगैरह देती हूं तो मां कांशीराम जी ने मुझे सलाह दी कि नौकरी न करके समाज सेवा करूं। नागपुर में बामसोल का बड़ा अधिवेशन था बल्लू मेश्राम ने काशीराम जी से कहा, "साब दिल्ली से हम इन बहनों को भी ले चलते हैं। आपका भाषण शर्टहैंड में लिखेगी तो अखबार में छाप देंगे। साहब ने अपनी सहमति दे दी लेकिन हम दो लोग ही साथ गये—एक करौलबाग से सुजाता और मैं। उन दिनों मैं स्कर्ट और टीशर्ट भी पहनती थी। मायावती मेरी ड्रैस को बेहद नापसंद करती थीं विशेषतः मेरी स्कर्ट को। मैं हंस के कहती तुम भी मेरी तरह पहनो न, कहतीं कि तुम झाडू लगाती चलती हो। मुझे बुरा लगता था पर सब कहते अरे ये तो ऐसे बोलती है इसकी भाषा का बुरा न मानो। मैं जनता कालोनी में स्कूल चलाती थी जहां दो-तीन हजार झुग्गियां थी। रहने वाले लोग थे दलित-मुस्लिम-पिछड़े, सभी गरीब थे। गरीब-दुखी, प्रवासी मजदूर उनकी

आपस में अच्छी पटती थी, सबका जीवन एक जैसा था। यहां से बच्चे स्कूल कम जाते थे अतः मैंने अपनी इच्छा से अपने बलबूते एक स्कूल खोला। इस स्कूल में पहली से पाँचवीं तक के बच्चे पढ़ने आते। शुरू-शुरू में यहां के लोग मुझे समझाते, बहन जी ये लोग नहीं सुधरेंगे। दो आने पाव की हड्डियां लाकर खाते हैं। तात्पर्य यह है कि सबसे सस्ता हड्डियों भरा गोस्त लाकर खाते। इनकी अक्ल कम है तो क्या पढ़ेंगे। मैं कहती सबके पास एक जैसा दिमाग होता है हड्डियां खायें या मांस या दाल-सब्जी जो भी खायें अक्ल तो सीखने से ही बढ़ती है। ऐसे ही एक दिन जब मैं वहां से पढ़ाकर घर पहुंची तो मायावती जी पहले से घर में आयी हुई थी। मुझे देखते ही बोलीं, ''कहां घूमती रहती हो? क्यों अपना समय खराब करती हो? फिर उसने बताया कि चांद मोहल्ले में कैडर कैम्प लगना है। तुम मेरे लिये काम करो मैं साहब से पैसे दिलाऊंगी। मैंने कहा, नहीं मैं सिर्फ औरतों में काम करना चाहती हूं। साहब से इस विषय पर दो ना तपाक से उसने मुझे रोका और कहा, ''महिलाओं के चक्कर में न पड़ वह तुझे आगे नहीं बढ़ने देंगी। इधर-उधर की बात के बाद वो चली गयी और मुझे सचेत कर गयी कि मैं साहब से इस पर बात न करूं। चांद मौहल्ले में कैडर कैम्प लगा। रतन सिंह रेलवे में नौकरी करते थे। उन्होंने काफी मेहनत में लोगों को एकत्र किया। मैं कैम्प में गयी परन्तु मेरी रुचि महिलाओं के संगठन में थी अतः मैंने चाय-पानी व खाना खाने की व्यवस्था देखी। मायावती वहां नहीं थी।

हम लोग नागपुर बामसेफ की अधिवेशन के लिये गये। वहां हम किसी मिस्टर मून के घर रुके। उनकी पत्नी हमारे लिये चाय-नाश्ता, खाना बनाती मैं और सुजाता आंटी की मदद करते। मा. काशीराम और मायावती भी मून साहब के घर पर रुके थे। मायावती हमारे कपड़ों पर छींटा करती तो मैं भी मजाक में उन्हें कुछ भी कह देती। वैसे वो हमसे सीनियर है, बड़ी है इसका हम ख्याल जरूर रखते। नागपुर में दलित पैन्थर की कार्यकर्त्ता कांबले ने भाषण दिया कि हमारी औरतों के साथ बलात्कार होगा तो हमारे मर्द उनका बलात्कार करेंगे। मैंने इस बात पर आपत्ति उठायी और कहा जो कृत्य गलत है, क्रूर है, वो हम बदले में वैसा कैसे कर सकते हैं। उनकी औरतों के साथ बलात्कार करने के आह्वान का मैं विरोध करती हूं। काशीराम साहब ने मेरी बात सुनी और पूछा कम्युनिस्ट हो? तिलक तुम कम्युनिस्टों की भाषा क्यों बोलती हो? बामसेफ के केंडर कैम्पों से मैं बोर होती थी धीरे-धीरे मैं उनसे मिलना छोड़ा लेकिन 'बहुजन संगठक' में कभी-कभी लिखकर भेजती थी जो छपते भी थे। परन्तु कार्यक्रमों में लगातार

जाती रही, बोट क्लब, रामलीला मैदान के अधिवेशनों में गयी। डी.एस.एस. फोर के गठन तक मैं सक्रिय रही। मैं समान्तर महिलावादियों के बीच, बुद्धिस्ट सोसाइटी आफ इन्डिया एवं दलित पैन्थर के कार्यकर्त्ता के साथ-साथ मानवाधिकारियों की संगत में भी थी। अतः मैं स्त्रियों के विरोध में होने वाली बातें बर्दाश्त न करती थी। नागपुर मैं पहली बार गयी थी। वहां के लोगों का उत्साह, वहां कि कल्चर ने मुझे बहुत प्रभावित किया। खूब बड़ा सा मैदान, सैकड़ों लोगों का आना, सभा में शान्ति से बैठना, भाषण सुनना बहुत अच्छा लगा। काशीराम जी के साथ कई कैंडर कैम्प में शामिल रहीं। उनका पसंदीदा स्टेटमेंट हमारी विभिन्न भाषाओं में सैकड़ों पत्रिका होगी, अखबार होंगे, अपनी कोपरेटिव सोसाइटी (ब्रदरहुड सोसाइटी) होगी। हमारे अपने ग्राहक ही सामान खरीदेंगे, बड़े ही लुभावने प्रेरक होते थे परन्तु जमीन पर ये सब बातें उतर नहीं पायी।

एक बार मैं बामसेक के दफ्तर गयी तो कुछ विभिन्न राज्यों से एक्टीविस्ट आये हुए थे। कांशीराम साहब ने विभिन्न लोगों से बातचीत की और फिर कार्यालय से नीचे उतर आये। करीब शाम चार बजे का समय था, साथ में मायावती और मैं भी उनके साथ थी और वो मुझे कम्युनिस्टों के बारे में समझा रहे थे कि कैसे वे गरीबों की बात करते हैं और खुद अमीरी में जीते हैं। कैसे उन्होंने जाति विकास पर अपना ध्यान केन्द्रित नहीं किया। मायावती साथ थी वो मेरे बारे में बोलती जाती, साब ये और इसका भाई मनोहर कम्युनिस्ट हैं इन्हें समझाना बेकार है। कांशीराम साहब मुझे अक्सर 'तिलक नगर' कहते क्योंकि मेरा रजिस्टर्ड नाम तिलक कुमारी था। तब तक मैं रजनी तिलक नाम से नहीं 'तिलक' नाम से ही पहचानी जाती थी। मेरी पुरानी सहेलियां अभी भी मुझे तिलक ही कहती है। बातचीत करते-करते हम चल रहे थे तो साहब एक हलवाई की दुकान पर रुके और उन्होंने वहां से आधा किलो जलेबी तुलवायी और सड़क पर ही खाने लगे और मुझे भी कहा, 'खाओ'। मायावती जलेबी खाने की बजाय बगल की दुकान में जूस पीने लगी। मैंने दो जलेबी उठायीं और खायीं। साहब ने देखते ही देखते सब जलेबियां खा लीं। मुझे भी कहते रहे और खाओ परन्तु मैंने और नहीं खायीं क्योंकि दो जलेबियां खाकर ही मेरा मन तृप्त हो गया था। जलेबियां खाकर वोले तिलक नगर, तू ये तो नहीं सोच रही कि मैंने इतनी जलेबियां कैसे खा लीं? मैं थोड़ी झेंप गयी। सच यही था मैं हैरानी से उन्हें देख रही थी उन्होंने ये ताड़ लिया था कि उन्हें खाते देख हैरान थी। मैंने कहा, ''नहीं-नहीं, ऐसी बात नहीं और साहब को बस अड्डा जाना था तत्पश्चात

मायावती अपने घर इन्दरपुरी के लिये निकल गयी और मैं अपने घर शंकर नगर के लिये।

कंझावला कांड हुआ जिसमें दलितों की जमीन को लेकर विवाद हुआ था। इस विवाद के चलते प्रो. ओ.के यादव, अरविन्दो घोष, राना कौशल, मेद सिंह एडवोकेट समेत अन्य राजनैतिक हस्तियां उस संघर्ष में शामिल थीं। इस अभियान में अरविन्दो घोष, ओ.के यादव के साथ जुड़ी थी, बहन मायावती भी अलग से जुड़ी थी। वोट क्लब पर बड़ी सी रैली हुई जिसमें हम सब दलित युवा-युवतियां मिले। मेरा भाई मनोहर मानव, रमेश भोसले, हबीब अख्तर, तारानेगी, कृपा, गिरधारी, देवी सिंह, अशोक भारती सब मौजूद थे वहां। ओ.के यादव जी ने मायावती के साथ-साथ मुझे भी भाषण देने को कहा परन्तु मैंने यही कहा कि हमारी तरफ से मायावती बोल रही है हम सिर्फ सुनेंगे। हम उस जमाने के ही अनुशासित व एकता में बंधे हुए थे इसलिये आपस में स्पर्धा की कोई गुंजाइश हमारे बीच नहीं होती थी।

उस समय मैं एक छात्रा थी...दूर तक नहीं सोचती थी कि हम लोग जो काम कर रहे हैं उसका कोई नया रंग आएगा।

अपनी परिस्थितियों में घिरे होने के कारण मैंने कई समझौते किये...समाज सेवा छोड़कर नौकरी की तरफ उन्मुख हुई और धीरे-धीरे बामसेफ और डी.एस. मोर समाज सेवा से दूर होती गयी...

❐

घर में पहली शादी

भाईजी मेरी शादी के पीछे ही पड़े रहते थे इसलिए बहुत गुस्सा आता। मनोहर तो मेरे से चार साल बड़ा था। पहले तो उसकी शादी होनी चाहिए थी। मनोहर भी शादी करने के लिए तैयार नहीं था। मनोहर का रिश्ता मेरठ से आया। चन्द्रवती मौसी भाभी की चचेरी बहन थी और उनके पति रामस्वरूप मौसा जी के माध्यम से ये रिश्ता आया था। मनोहर तो मान ही नहीं रहा था परन्तु मौसा जी ने उसे समझाया कि घर में बहू आ जाएगी तो घर संभाल लेगी। लड़कियां कब तक रहेंगी। अपने पिताजी की तरफ भी देखो, मां तो तुम्हारी बीमार है ही। छोटे-छोटे बच्चों को भी संभालने वाला कोई चाहिए। लड़की दसवीं पास है मिडवाइफ का कोर्स कर रही है। ना-नुकुर करके मनोहर भाई मान गये पर उसने शर्त रख दी कि वो घोड़ी नहीं चढ़ेगा। शादी का दिन आ गया। मां तो बीमार ही थी अतः शादी की रस्में निभाने के लिए दूर के रिश्ते की बसंती बुआ, दोनों मौसी चन्द्रवती और रामवती अपने-अपने परिवारों के साथ हमारे घर पहुंच गयीं। घर से बारात सिंपल चढ़ी। सब लोग बस में बैठ गये परन्तु मेरठ में सब पुरानी रीति-रिवाज उनके द्वारा निभाये गये। बारात में मुझे छोड़कर सब बहन-भाई गये।

मनोहर भाई की शादी जब हुई थी तब हमारे पास एक कमरा और एक रसोई थी। दहेज में सोफा और टीवी टेबल, पलंग आया था साथ में आया था भाभी का बड़ा ट्रंक और उसमें उसके कपड़े। भाई जी ने भी कर्ज लेकर बहुत से जेवर बनाये थे। घर में पहली शादी थी और खुशी का माहौल था। सोफे पर संजय, मनोज खुश होकर बैठ रहे थे। नई-नवेली भाभी को लगता सोफा न टूट जाये। मौसी ने मुझे समझाया कि बच्चों को कहूं कि सोफे पर ज्यादा न बैठें। मनोहर ने मुझे एक पतली सी पाजेब दी कि मैं पहनूं। अब्बल तो मैं उन दिनों जेवर के खिलाफ थी। मनोहर का कहना न टालकर पाजेब पहन ली। भाभी को लेने उसके मायके वाले आये थे। भाई भाभी को छोड़ने बस अड्डा जा रहा था।

मौसी ने मुझे साथ भेज दिया। बस अड्डे पहुंचकर भाई अपने ससुराल वालों से बातचीत करने लगा। मेरठ से उसके चाचा, पिता और रिश्तेदार आये थे। मैं भाभी के पास खड़ी थी। बस अड्डे पर बस में चढ़ने से पहले भाभी ने मुझसे पाजेब मांगी। कहने लगी ये हल्की है मैं इसे रोज पहन लूंगी। मैंने तुरन्त उतारकर दे दी। पाजेब लेकर उसने अपने पर्स में डाल ली।

शादी के बाद भाभी वापस चली गयी। उसका कोर्स अभी चल रहा था। भाई भाभी से मिलने मेरठ जाता था। कोर्स खत्म होने पर भाभी आई और साथ में उनकी नानी भी आई। भाई ने एक दिन मेरे साथ भाभी को जे. एन. यू. भेजा, वहां मुझे अपनी नौकरी के लिए किसी से मिलना था। भाभी अपना भारी-भरकम जरी वाली साड़ी पहन कर चलने लगी तो भाई ने कहा कि कोई सूती साड़ी क्यों नहीं पहन लेती। यूनिवर्सिटी जा रही हो। भाभी ने कहा, लोग क्या कहेंगे बहू के पास कपड़े नहीं हैं क्या? फिर भाभी को जो पसंद थी वो साड़ी पहनी। हम जेएनयू से वापस लौटे। मुझे लगा कि मेरे साथ उसे जाना फालतू लगा। रास्ते में वो मुंह फेरे चुप बैठी रही। घर का काम मैंने करना नहीं छोड़ा था। हां, वह रोटी बना लेती थी। अपने और मनोहर भाई के कपड़े भी धो लेती थी। कभी भाईजी के कपड़े भी धो देती थी। परन्तु अन्य बहन-भाई और मां के कपड़े मैं ही धोती थी।

अपनी नानी के सामने मेरी निंदा करती। पता नहीं मैंने कब भाभी के साथ बुरा बोला? परिवार में खिंचाव सा आ गया था। भाईजी को जो बहू बताये वो ही मानते, हमारी कोई गलती न हो तो भी हमें डांट देते। मनोहर भी कभी मनोज को, कभी अशोक को, कभी मुझे कहता कि तुम क्यों नहीं समझते हो। भाभी की नौकरी हापुड़ में लग गयी। अतः वह अपनी नानी को लेकर हापुड़ रहने लगी। भाई हर हफ्ते उनसे मिलने जाता रहा। तभी राहुल का जन्म होना था। भाई भाभी को दिल्ली ले आया। मैं मनोहर से छोटी थी मुझे भाभी के प्रसव के बारे में कुछ जानकारी नहीं थी। भाभी तो खुद ट्रेंड मिड वाइफ थी, उसे सब कुछ पता था। सर्दियों के दिन थे अभी हम सोये नहीं थे कि भाभी ने कहा कि दीदी, अस्पताल चलना है भाई जी को बताओ। मनोहर अभी तक आया नहीं था। कुछ कपड़े लेकर भाईजी मुझे भाभी को लेकर अस्पताल चले गये। भाभी को भरती करके भाईजी रामस्वरूप मौसा और चन्द्रवती को बुलाकर आ गये। भाभी चिल्लाती रही, उसकी चीख सुनकर मुझे रोना आ रहा था। भाईजी हंसने लगे। क्यों रो रही है, तू बुआ बनने वाली है। थोड़ी देर में मनोहर आ गया। सुबह

में राहुल का जन्म हुआ। अस्पताल में जच्चाओं को तीन-चार दिन रखा जाता था। मैं घर पर सुबह चार बजे उठ जाती थी। भाईजी के लिए चाय बनती खुद पीती और जच्चा के लिए दूध में चायपत्ती उबालकर थर्मस में भरती और सूजी का हलवा बनाकर टिफन में पैक करके, उनके कपड़े वगैरह थैले में लेकर सुबह पांच बजे अस्पताल के लिए निकल जाती। उन दिनों की सर्दी में हाथ को हाथ नहीं सूझता था। शंकर नगर में लाल क्वार्टर तक धुंध में पैदल ही जाती और अस्पताल के लिए 622 नंबर बस पकड़कर जामा मस्जिद उतरकर मछलीवालान अस्पताल जाती। 6 बजे से जच्चाओं से मिलने का वक्त हो जाता था।

लाल क्वार्टर सर्दी के मौसम में हाथ को हाथ नहीं सूझता था, मैं जामा मस्जिद के पास अस्पताल जाती साथ में चाय नाश्ता ले जाती। भाभी मनोहर से शिकायत करती कि मैं ये नहीं लायी.. वो नहीं लायी। मनोहर मुझे डांटता रहता, तीन-चार दिन ऐसा होने पर मैंने अपने पिताजी से कह दिया। मैं नहीं जाऊंगी आप जाओ या कोई भी जाये। खुशी के माहौल में भी हम खुश नहीं रह सकते। एक अजीब किचन राजनीति शुरू हो गयी थी हमारे घर में। पिताजी चाहते थे कि मैं घर में रहूं, इसके लिए मुझे डांटते रहते, भाभी की गलतियों पर पर्दा डालते। छोटे बहन-भाई मेरा कहना मानते थे। वह जब ड्यूटी जाती हम राहुल को रखते, खिलाते-पिलाते, नहलाते यहां तक स्कूल में दाखिला भी हमने कराया। राहुल जब ढाई साल का था मैं उसे अपने साथ ही बाजार ले जाती साथ में अनीता या मनोज, संजय कोई भी साथ होता; मनोज, संजय, पुष्पा, अशोक सब राहुल पर जान छिड़कते। राहुल होने के बाद दो महीने मैं कहीं नहीं गई।

जच्चगी के बाद भाभी घर आई। उन दिनों घर का काम डबल हो गया था। जच्चा का खाना विशेष होता है। मौसी ने जैसा बताया वैसा खाना बनाकर उन्हें देती। मैं कोई अनुभवी नहीं थी, भाभी मुझे बताने की बजाय मनोहर से शिकायत करती। मनोहर मुझे डांट देता। भाभी के आने पर जो खुशी हम सबको मिलनी चाहिए थी वो तो न मिली परन्तु घर में क्लेश होने लगा। भाईजी बहू का पक्ष लेकर हमें समझाते रहते कि बेटा धैर्य रखो। मनोहर तनाव में रहने लगा। अपने भाई की खुशी के लिए हम सब चुपचाप रहते। छोटे बहन-भाई सब मेरे नजदीक थे। मनोहर से छोटे भाई कटने लगे। इसमें मेरी कोई भूमिका नहीं थी। क्योंकि मैं घर में स्वयं उपेक्षित होने लगी थी। कुछ महीनों बाद भाभी फिर से हापुड़ नौकरी करने चली गयी। जब वापस आई तो राहुल डेढ़ वर्ष का था।

भाईजी ने कर्ज लेकर एक कमरा नीचे और एक कमरा ऊपर बनवा लिया था ताकि मनोहर अपनी पत्नी के साथ अलग रह सके। भाभी दिल्ली से ही नौकरी पर जाती थी। वह सुबह 7 बजे जाती और शाम को 7-8 बजे तक आती। हम ही राहुल की देखभाल करते। नहलाना और खाने-पीने का ध्यान रखते। राहुल सबकी आंख का तारा था। राहुल ने बोलना देर से शुरू किया। वो शब्दों को जोड़कर बोलता। कोई वाक्य पूरे न बोलता। मैं जब कुछ देरी के लिए बाहर जाती तो राहुल को साथ ले जाती। इससे पहले कभी-कभी अनीता को साथ लेकर जाती थी। मेरे मित्र और सहेलियां राहुल हो प्यार करते और गोद में उठाये रहते। राहुल का जन्मदिन घर में धूमधाम से हम मनाते। गली के बच्चे आ जाते। संजय, मनोज, अनीता और पुष्पा सब मिलकर घर सजाते। मैं और अशोक बर्थ डे केक का सामान खरीद लाते। भाईजी, मनोहर और भाभी सिर्फ जन्मदिन मनाने के वक्त इकट्ठा हो जाते। सबसे पहले दादी को केक खिलाते। राहुल का स्कूल में दाखिला दिलाने मैं और अशोक साथ गये। घर के पास स्कूल था। उन दिनों अच्छे स्कूलों में दाखिला दिलाने की होड़ से हम अनभिज्ञ थे। भाई पैसे देता हम उसके लिए सब चीजें लाकर देते।

मनोहर भाई, भाईजी से कटिंग टेलरिंग का काम सीखकर एक्सपर्ट हो चुके थे। अपने मित्र तेजेन्दिर सिंह आहूजा की मदद से गुजरात एम्पोरियम से योग कुर्ता का फैब्रीकेशन में आ गये थे। उन्होंने दस्तकार लोगों की एक को-ऑपरेटिव सोसायटी बनाई, प्रख्यात जया जेटली के साथ काम किया। भाई दस्तकार को-ऑपरेटिव के सचिव थे। दस्तकार बाजार लगाने में सक्रिय रहते और अपना भी स्टाल लगाते। उनके सिले योग कुरते खूब बिकते। घर पर ही उन्होंने यूनिट लगा ली थी।

❐

आंगनवाड़ी की नौकरी

घर से बाहर निकलने की पाबंदी के साथ-साथ घर में खर्चे की कटौती भाई जी का तरीका था। मेरी सहेली कृपा आंगनवाड़ी में वर्कर थी। वर्कर का काम होता था सुबह 9 बजे। आंगनवाड़ी पहुंचकर 0-5 वर्ष के बच्चों को घर-घर से बुलाकर, पौष्टिक नाश्ता कराना। नाश्ते के बाद उन्हें पढ़ाना-खिलाना ताकि उनके व्यक्तित्व का विकास किया जा सके। अक्सर ये आंगनवाड़ियां स्लम... पुनर्वास कालोनियों में होतीं, जहां दलित, मुस्लिम और अन्य जातियों के गरीब लोग रहते थे। आंगनवाड़ी वर्कर एक सहायिका की मदद से पूरक भोजन तैयार कराती। 12 बजे के बाद गर्भवती व दूध पिलाने वाली मांओं के साथ-साथ बातचीत करती। 0 से तीन वर्ष के बच्चों के स्वास्थ्य की जांच-पड़ताल वजन करना, कमजोर बच्चे को पूरक भोजन में दूध इत्यादि उन्हें उपलब्ध कराया जाता था। मुझे ये काम बहुत पसंद आया तो मैंने भी कृपा की मदद से आंगनवाड़ी में नौकरी ले ली। शायद 150 रुपये उस समय मिलते थे। ये सन् 1980 की बात है। आंगनवाड़ी हेतु अपने घर से बस पकड़कर जाती। आंगनवाड़ी वर्कर के भत्ते बढ़ोत्तरी के लिए हमने उनकी यूनियन बनाने की सोची। अमितसेन और हबीब अख्तर ने हमें सलाह दी कि आंगनवाड़ी वर्कर की सदस्यता रखी जाए, हर महीने के चंदे से ही उनके संगठन को मजबूत किया जाये। महिलाओं के श्रम के रूप में आंगनवाड़ी वर्कर्स की भूमिका समझने और उन्हें संगठित करने की कोशिश कर रहे थे। उस समय दिल्ली में आई.सी.डी.एस. के तहत चलने वाले ये प्रोजेक्ट जामा मस्जिद, खिचड़ीपुर, सीलमपुर, हिम्मतपुरी, सीमापुरी, ख्याला, चौखंडी, मंगोलपुरी तक फैले हुए थे। एक प्रोजेक्ट में सौ वर्कर एवं सौ सहायिका होती थीं जिनके ऊपर चार सुपरवाइजर, एक सीडीपीओ होती थी। महिलाएं इस काम में जुटी थीं परन्तु काम के हिसाब से उनका मेहनताना नाममात्र का था।

आंगनवाड़ी यूनियन बनाने के लिए हमारी मीटिंग हुई, जिसमें तारा नेगी,

हबीब अख्तर, दिवाकर अमितसेन, कृपा गौतम के बीच तय हुआ कि कृपा अध्यक्ष होगी तारा महासचिव, मैं संयुक्त सचिव और शाहीन सचिव होगी। तारा हबीब की मदद से हम थानसिंह जोश एवं विनोद सैनी से मिले जो समाजवादी यूनियन चलाते थे। वी.पी. हाउस के कमरा नं. 17 में हमें शाम को बैठने के लिए अनुमति मिल गयी। वह कमरा सुरेन्द्र मोहन जी के नाम आवंटित था। विनोद सैनी ने हमारी यूनियन रजिस्टर्ड करा दी।

यूनियन में काम क्या था? आंगनवाड़ी वर्कर एवं सहायिकाओं का वेतन बढ़वाना। हमारे वीजन में महिलाओं के श्रम की कीमत को स्थापित करना था। मैं खिचड़ीपुर गयी वहां निर्मला जो सिख समाज से थी, से मिली। जब भी हमें मीटिंग करनी होती वहां के लिए हम निर्मला को फोन कर देते वो आगे तक खबर पहुंचा देती और मीटिंग हो जाती। सीलमुपर में माया व अनारो थी, तो सीमापुरी में जागृति, विधुलता आंगनवाड़ी वर्कर यूनियन के काम के लिए आगे निकालकर आयी थीं, उनसे हमारी दोस्ती भी हो गयी थी। एक साल मेहनत करने के बाद हम लोगों ने वेतन बढ़ाने के लिए शास्त्री भवन पर विरोध प्रदर्शन रखा। वी.पी. हाउस के प्रांगण में करीब दो-ढाई हजार औरतें इकट्ठी हो गयीं, वहीं से नारे लगाते हुए जब हमने शास्त्री भवन के लिए कूच किया तो लगा आंगनवाड़ी कार्यकर्ताएं समुद्र की लहरों सी बह निकली हैं। वे चीखती-चिल्लाती नारे लगाती बढ़ रही थीं। शास्त्री भवन पहुंचकर रैली सभा में बदल गयी। जहां हमने अपनी मांग सचिव के समक्ष प्रस्तुत की। समस्त आंगनवाड़ी कार्यकर्ताओं को बेसिक स्केल दिया जाये। बेसिक स्केल का मतलब था उनकी सामाजिक सुरक्षा को पुख्ता करना। सरकार के नुमाइंदे ने कुछ पैसा बढ़ाने की पेशकश की जिस पर हम कार्यकर्ता सहमत नहीं थे। शाम होते-होते हम सबने फैसला लिया कि दोबारा से ज्यादा ताकत जुटाकर बड़ी रैली करेंगे। इस बार अन्य राज्यों के कार्यकर्ताओं को संगठित करेंगे। कुछ समय तक हमारी गतिविधियां चलती रहीं। सी.पी.एम. से इन्द्राणी मजूमदार ने हमें आमंत्रित किया कि हम यूनियन लेकर उनके साथ जुड़ जायें क्योंकि उनके पास अनुभव है। लेकिन हम नये-नये नारीवाद और उसका स्रोत संगठन 'सहेली' के प्रति ज्यादा आकर्षित हुए। मैं और तारा अपने साथियों के साथ सहेली संगठन में चले गये। 'सहेली' महिला मुद्दों पर तेजी से पहचान बना रहा था। आंगनवाड़ी को हम महिला चेतना के साथ जोड़कर देख रहे थे। सहेली में उन दिनों रुक्मणी राव, कल्पना मेहता, सविता शर्मा, डॉ. नलिनी, परवीण, गौरी चौधरी, आभा भैया, प्रमुख रूप से सक्रिय थे। अलग-अलग

मुद्दों पर अलग ग्रुप बने हुए थे और ये बैठकें अलग-अलग होतीं। आंगनवाड़ी यूनियन में एक तरफ हम कार्यकर्ता अधिकार के लिए लड़ रहे थे। दूसरी तरफ हम उनकी जातीय जिंदगी में स्त्रीवादी समझ बढ़ाने का विजन लेकर चल रहे थे। हमारी सहेली कृपा गौतम, यूनियन को सहेली से जोड़ने के खिलाफ थी। वह हमें लाल झंडे वाली कहकर कार्यकर्ताओं को हमारे विरुद्ध कर देती थी। हम यूनियन में मूल्यों की बात कर रहे थे। दूसरी तरफ हमने देखा कि कार्यकर्ता बच्चों के लिए मिलने वाले राशन को घर ले जाती हैं। हमने उन्हें समझाया कि अधिकारों की लड़ाई लड़ेंगे पर गरीब बच्चों का हक नहीं मारेंगे।

एक बार मैं बहुत बीमार हो गयी। एक महीना बिस्तर पर पड़ी रही। आंगनवाड़ी के काम के लिए धूप में पैदल चलकर मैं फील्ड में जाती। आंगनवाड़ी यूनियन के पदाधिकारी धीरे-धीरे निष्क्रिय होते जा रहे थे। निराशा और थकावट से मैं बीमार हो गयी थी। मेरी बीमारी की हालत में मुझे सीलमपुर से माया और अनारो देखने आयीं और उन्होंने बताया कि आंगनवाड़ी वर्कर कह रही हैं कि हमने अमीर औरतों को यूनियन बेच दी है। दो दिन बाद कांतीनगर की आंगनवाड़ी वर्कर दर्शना पंजाबी मुझसे मिलने आयी। उसने मुझसे सीधे पूछा, तुम्हारी बिरादरी क्या है? बिरादरी बता देने के बाद उसने खुलकर बताया कि आप लोगों की बिरादरी आंगनवाड़ी वर्कर को पता चल गयी है। वे दबे स्वर में कहती हैं कि क्या हमारा नेतृत्व चमारियां करेंगी? पर हम आप लोगों के साथ हैं। हम बच्चों का राशन भी घर नहीं ले जाते। रजनी जी, अच्छे काम को लोग बहुत देर से समझते हैं। आप अपना ध्यान रखो, जल्दी ठीक हो जाओ।

मैं दुबली-पतली होती जा रही थी। मनोहर भाई ने मुझे घर में रहकर आराम करने को कहा। हम दोनों बहन-भाई का इसी बात को लेकर मनमुटाव हो गया था। मैंने उससे बात करना बंद कर दिया था। परन्तु टाइफाइड में मनोहर मुझे दूध, ब्रेड, मक्खन अपने सामने बैठकर खिलाता तब काम पर जाता। शाम को जल्दी ही आ जाता। भाईजी का व्यवहार बदल रहा था। वो भी बड़े प्यार से पेश आने लगे थे। मनोहर भी मेरा बहुत ख्याल रखता था।

❑

मेरी जिंदगी की रेल?

एक दिन पिताजी ने आखिरकार फैसला सुना दिया कि मैं समाज सेवा बंद कर दूं। जल्दी ही लडका ढूंढ़कर मेरी शादी कर देंगे। मैं किसी अनजाने से शादी की कल्पना नहीं कर सकती थी। शादी... ससुराल... घूंघट... पति परमेश्वर मेरे जीवन में सवाल बनकर खडे थे। क्या लड़कियां कठपुतली हैं? वे त्याज्य हैं? उन्हें दान कर सकते हैं? नहीं, मैं नहीं मानती। मैं बेबस थी पिताजी के सामने और पिताजी निरुत्तर थे मेरे सामने। हमारे बीच एक आग जल रही थी। यह आग मेरे भाई ने लगायी थी। वह मेरी उंगली पकड़कर मुझे घर से बाहर ले गया। यह आग लगायी थी रमेश ने। जिसने कहा था औरत भी इंसान है। मैं चेतना की इस आग में जल रही थी। इसकी लपटों से पिताजी भयभीत थे। वे डर रहे थे कि इसकी चपेट में घर के दूसरे लोग न झुलस जायें। उन्होंने फट से अपना तेवर बदला। मुझे प्यार से समझाया। प्यार से ही पूछा, 'तुम्हें जो भी लड़का पसंद है वह बताओ।' मैंने कहा, यह बात नहीं है। उन्होंने फिर कहा, 'जब भी कोई पसंद आये जरूर बताना। मैं तेरी पसंद से शादी करूंगा।' इस तरह उन्होंने मुझे थोड़ी ढील दे दी, थोड़ी आजादी भी, पर शादी की तलवार सिर पर लटकी ही रही। पिताजी अब मैं कब आती हूं, कहां जाती हूं, और कहां हूं? इसके बारे में कोई जानकारी नहीं लेते। उनमें भी काफी बदलाव दिखने लगे। अब वह बात-बात पर नहीं टोकते थे न ही घूर-घूरकर मुझे डराते थे। मैं बाहर जाने के अपराधबोध से मुक्त होने लगी।

एक शाम जब अमित और मैं दोनों हमारे घर की तरफ आ रहे थे तो पैदल चलते-चलते उसने धीरे से मेरे प्रति अपना प्यार का इजहार किया। मैंने मन ही मन स्वयं को गौरवान्वित-सा महसूस किया। हां या ना... स्त्री सुलभ कोई जवाब नहीं दिया। मुझे इस बात का आभास भी नहीं था कि हमारे ग्रुप में इसी संदर्भ में अमित के साथ पूर्व चर्चा हो चुकी थी। अमित क्रांतिकारी विचारों का

युवक था जो भंते के रूप में रहता था इसलिए सभी का प्रिय था। वह अक्सर एक गीत गाया करता 'मेरी कोम में नौजवान जाग जा तेरे जागने से जहां जागेगा,' वह प्रेम को भी बहुत महत्व देता था। प्रेम गीत भी शौकिया गाया करता था। बड़ी तन्मयता से गाता था। कृपा ने मुझे कहा, 'तुम बड़ी लक्की हो, उसने तुम्हें पसंद किया' मैं धीरे-धीरे भावशून्य होने की कोशिश करती। एक बार तारा ने चुटकी ली क्या यार! भंते ने तुझे प्रपोज किया? क्या बात है? मुबारक हो! मुबारक! तारा अपनी बिंदासी के लिए बहुत पसंद की जाती रही है। अमित के प्रेम प्रस्ताव के बारे में मैंने अपने भाई को तुरन्त बता दिया और निश्चिंत हो गयी जैसे मेरे सिर पर लटकी शादी की तलवार का हल निकल गया हो।

कुछ दिन बाद मैंने अमित को पिताजी से मिला दिया। पिताजी ने उसका अच्छा-खासा साक्षात्कार लिया कि वह कितना पढ़ा है? क्या कमा सकता है। यह भिक्षु वाली ड्रेस कब उतारेगा? और उनकी बेटी को क्यों पसंद किया। उसे तो भाईजी से इस तरह की बातचीत की कोई उम्मीद नहीं थी। वह भाईजी के सामने पसीने-पसीने हो गया था। क्रांतिकारी भंते की भाईजी के सामने सिट्टी-पिट्टी गुम थी। वह घबराया हुआ पसीना-पसीना हो रहा था। वह बहुत संभालकर जवाब दे रहा था और कह रहा था कि कचहरी में काला कोट पहनकर हजारों कमा सकता हूं। आपकी बेटी से शादी करूंगा तो भूखा तो नहीं रखूंगा। मैं आपकी बेटी से प्रेम करता हूं। पिताजी अमित से मिलकर निश्चिंत हो गये और अपनी राय की हरी झंडी दिखा दी। मेरी जिंदगी की रेल बेधड़क चलने लगी। अब रोक-टोक पहले से और कम हो गयी। अमित के सुझाव पर ही हमने मिलकर अखिल भारतीय आंगनवाडी वर्कर एवं हैल्पर यूनियन बनाई थी। उनके शोषण के विरुद्ध ही हमने इस यूनियन का गठन किया था। हमने चार हजार औरतों को संगठित किया था। उनके वेतनमान के लिए लड़ने लगे। कभी धरने, कभी प्रदर्शन लगातार कर रहे थे। अमित व दिवाकर बिजनौर में चीनी फैक्टरी में मजदूरों का संगठन बना रहे थे, उनकी तनख्वाह बढ़ाने के लिए संघर्ष कर रहे थे। हम लोग महीने-दो-महीने बाद ही मिलते। मिलते तो सब दल-बल के साथ अपने-अपने संघर्षों की दास्तान सुनाते।

❐

मेरी जिंदगी में उगता हुआ सूरज

आंगनवाड़ी यूनियन के साथ-साथ मैं समानन्तर बामसेफ में भी सक्रिय रही थी। मा. कांशीराम के कई केडर कैम्प भी अटैंड किये जहां वो दलित समाज को नई धारा में तब्दील करने का प्रयोग कर रहे थे। सुश्री मायावती, कांता भीमराव, सुशीला, सुजाता और शकुन्तला राजौरा, बबलू मेश्राम, 'एडवोकेट', बाबू जी, राधेश्याम, सदाराम, खोब्रागढ़े, देवनगर के दफ्तर में अक्सर मिलते। मैंने कांशीराम के कई कैडर लिए। एक ही बात को बार-बार टेप की तरह लोगों को सुनाते थे। ब्राह्मणवाद का नाश करने के लिए उन्होंने कई सपने दिखाये थे। वे कहते थे हमारी दस हजार पत्रिकाएं होंगी, हजारों अखबार होंगे, अपनी कॉपरेटिव सोसायटी होगी, हमारे लोग उपरोक्ता होंगे आदि... आदि। हम उनसे जो भी सवाल करते वो बात मजाक में उड़ा देते। इस मजाक में वे स्वयं अपने बड़े कद का हमें अहसास करा देते।

बावजूद इसके हमारे उनके साथ अच्छे संबंध थे। मैंने बामसेफ के अलावा अपने घर से थोड़ी दूर पर जनता कालोनी में स्कूल खोला। यह बस्ती दलित मुस्लिम बाहुल्य थी। यहां गरीबी का वो आलम था कि मीट खाने के नाम पर लोग सबसे सस्ता मांस लाकर खाते। गलियों में गंदगी का ढेर तो झुग्गियों में मक्खियों की भिनभिनाहट के बीच दलाल चौधरियों की राजनैतिक उठापटक वहां की जिंदगी का अहम और जीवन्त दृश्य थे। रोजी-रोटी की जद्दोजहद में बच्चों की पढ़ाई अंतिम प्राथमिकता थी। शुरू-शुरू में वहां के चौधरियों ने मुझे वहां बहुत रोका परन्तु अंततः मेरा प्रयास सफल हुआ। बच्चे आने लगे। ढेर के ढेर बच्चे पढ़ने की ललक लिये। खुद आ जाते बच्चे पढ़ने। उनकी मां, दादी और पिता या अन्य कोई भी रिश्तेदार आ-आकर चुपचाप उन्हें पढ़ते हुए देखता।

आंगनवाड़ी यूनियन जनता कालोनी के स्कूल की व्यस्तता के बावजूद अमित की चिट्ठियां आतीं और मैं उसका जवाब लिखती। हमारी दोस्ती 9-10

महीने ही बीते होंगे कि एक दिन अमित मेरे स्कूल ही सीधा आ गया और बोला कि कुछ जरूरी बात करनी है। पहले अमित और मैं मेरे घर गये वहां से उसके एक अन्य दोस्त के घर गये। बात क्या है? मैं समझ नहीं पा रही थी। कोई महत्वपूर्ण बात करनी थी। थोड़ी देर में भंते दिवाकर भी आकर अमित के साथ बैठ गया।

कुछ खांसते-मठारते हुए अमित ने मुझे संबोधित किया और कहा, 'मैं खुशनसीब हूं कि तुम्हारी जैसी मेहनती, समझदार, त्यागमय समाज को समर्पित साथी मिली। लेकिन मैं शादी नाम की संस्था में विश्वास नहीं करता। मैं एक कम्युनिस्ट हूं। मैं चाहूंगा कि हम बिना शादी के साथ रहें। हम कम्युनिस्ट बिना शादी के रहकर एक-दूसरे का विश्वास करने और एक-दूसरे को आजादी देने में यकीन रखते हैं। क्या तुम मेरे साथ ऐसे ही रहने को तैयार हो?

मैं अवाक रह गयी, मुझे लगा जैसे काटो तो खून नहीं। मेरे कान गर्म हो गये। मेरी आवाज को जैसे लकवा मार गया। मैंने पूरी हिम्मत बटोरकर बोला, 'नहीं! नहीं! मैं ऐसे कैसे कर सकती हूं?' फिर वो सारी बात जो तुमने मेरे भाई से मिलकर की थी क्या तुम वे बातें भूल गये हो? इस बार अमित की जगह दिवाकर बोला, दोस्त गुस्सा मत हो। प्रोब्लम कुछ और आ गयी है। दिवाकर के तुरन्त बाद अमित जो लगातार मेरी तरफ देख रहा था, कहा, तुम बहुत अच्छी हो पर, मैं मजबूर हूं... मैं तुम्हारा गुनाहगार हूं। मुझे माफ कर दो प्लीज।

माफी और तिरस्कार दोनों एक साथ। अपमान से मैं जमीन में धंसी जा रही थी। दिवाकर से पता चला कि अमित एक और लड़की पर मर मिटा है। मिटी है और वो उसके साथ रहने को तैयार है। मेरे लिए सब सुनना असहनीय हो रहा था। मैं वहां से उठना चाहती थी, मेरी बुद्धि जैसे जड़ हो गयी। फिर एकाएक मैं उठी और उन दोनों को 'थैंक्स' किया और घर की ओर चल पड़ी। उसने कहा, थोड़ी देर और बैठो। इस अपमानजनक व्यवहार के बाद मेरा वहां बैठना नामुमकिन था। दिवाकर बार-बार कहता, अरे ये पगला है। इसे माफ कर दो। मेरी आंखों से आंसू टपके जा रहे थे। मैंने स्वयं पर काबू पाने की कोशिश की। अपनी रुंधे गले को लगाम देकर अपनी सारी ताकत निचोड़कर उससे एक सवाल पूछने का साहस जुटाया। 'क्या तुम यह रिश्ता तोड़ने की बात मेरे घर में आकर कहोगे?' 'मैं मानता हूं कि मैंने स्वयं आकर तुम्हारे भाईजी से शादी की बात की। पर सच कहूं उस समय मैंने सोचा था कि तुम मेरी टेस्ट की हो जाओगी। रहा तुम्हारे पापा से बात करने की बात, जब यह बात यहां तय हो

गयी है तो मेरा कोई मतलब ही नहीं बनता कि मैं तुम्हारे पापा से मिलूं... यह काम भी अब तुम्हें ही करना है।'

कितनी आसानी से उसने हाथ झाड़ लिये। वह अपनी दी हुई जुबां से फिर गया। मैं क्या करती? मैं वहां ठगी सी बैठी थी। मुझसे अब वहां न उठते बनता था न बैठते। मैं शर्म-लिहाज छोड़कर जोर से चिल्लायी। 'तुम कहते हो, तुम मेरी टेस्ट की नहीं हो, माफ करना, मैं मजबूर हूं, मैं तुमसे शादी नहीं कर सकता।' हां, तुम मेरे साथ बिना शादी किये रह सकते हो। शादी के लिए अपना टेस्ट चाहिए और बिना शादी के साथ रहने में कोई टेस्ट की जरूरत नहीं। क्यों? क्यों नहीं? नदी आकर आंगन में बहने लगे तो मर्जी से गोता लगाने में आधुनिकता है, क्रांति है, समाज परिवर्तन है! है न? मेरे तेवर को देख चारों तरफ सन्नाटा छा गया।

मैं वहां और रुकना नहीं चाहती थी और न ही हारे हुए सैनिक की तरह उनके सामने मैमने की तरह मिमियाना चाहती थी। अतः अपने आंसू पोंछ मैं थोड़ी सामान्य होकर उनकी तरफ देखते हुए बाय-बाय कहकर निकल आयी। हालांकि यह आसान नहीं था क्योंकि एक तरफ मेरे सपने एकाएक टूट गये थे। दूसरी तरफ मैं घर में इस घटना के पता चल जाने की शर्म से डूबती जा रही थी। कैसे कहूंगी? और क्या कहूंगी? भाईजी और भैया का सामना कैसे करूंगी। उसने मुझे ही नहीं मेरे पिताजी की अनुभवी आंखों को भी धोखा दिया था। उसके वायदा खिलाफी की चर्चा हमारी मित्रमंडली में भी खूब दिनों तक रही। मेरे अन्य मित्रों ने जमकर उसकी निंदा की। उसके अड़ियल रुख और बेशर्मी पूर्वक बात टाल देने के लिए उसे खूब तलाड़ा गया। मैं भावनात्मक रूप से थोड़ी आहत तो जरूर थी फिर भी मैंने मन ही मन खुद को संभालने का निश्चय किया। आखिरकार मैंने तय किया कि उससे दोबारा नहीं मिलूंगी। अपनी भावनाओं पर काबू पाकर मैंने स्वयं को संभाल लिया।

अमित की बात मैंने हिम्मत करके स्वयं ही पिताजी को बता दी। पिताजी ने भी जैसे स्वयं ही चैन की सांस ली। उन्होंने मुझे अभयदान देते हुए कहा, चलो जो हुआ सो हुआ और अच्छा ही हुआ कि उसने शादी के पहले ही अपनी औकात दिखा दी। सब कुछ ऐसे टल गया जैसे उन्हें पहले से ही इन बातों की भनक थी। शायद वे मुझे जलती हुई आग की तपिश से गुजार देना चाहते थे। अमित की कथनी और करनी का अनुभव कराना चाहते थे। मैं इन अनुभवों से सीख रही थी, मेरा आत्मविश्वास बढ़ रहा था। घर का माहौल धीरे-धीरे

अनुकूल हो रहा था। भाई ने एक दोस्त की तरह मुझे समझाया 'ये प्यार नहीं भटकाव है। तुम ईमानदार हो, वह स्वार्थी था। हमें खुशी है कि तुमने उसे सही जवाब दिया। इसी तरह प्रगतिशीलता की टोपी पहनकर लम्पट लोग लड़कियों की भावनाओं से खेलते हैं। अच्छा हुआ तुम उसकी बातों में नहीं आयीं। मनोहर ने मुझे अपराधबोध से मुक्त होने में मदद की।

मैंने स्वयं को व्यस्त कर लिया। घर और बाहर के काम में संतुलन बना लिया। अमित गायब हो गया था, एकाएक मेरे जीवन में थोड़ी सी रिक्तता आ गयी। रिक्तता को मैंने फिर कठोर श्रम से भरने की कोशिश की। ऐसे वक्त में रमेश की मुझे याद आ रही थी। भैया और रमेश की पता नहीं किस बात पर लड़ाई हो गयी थी। उसमें वैचारिक मतभेद हो गये थे। इसलिए रमेश भी हमारे घर काफी समय से नहीं आ रहा था। भैया से मैंने पूछा, 'भैया, रमेश भौंसले अब नहीं आते? क्या हुआ?'

क्यों? कुछ काम है? फिर खुद ही जवाब दिया, आजकल वह सबसे लड़ता है। उसका बाप एमएलए है न? इस बार उसके पिताजी चुनाव हार गये हैं। उसकी तीन बहनें हैं। बहनों की शादी के लिए भागदौड़ कर रहा है। मैं समझ गयी। वैचारिक मतभेद अब अंतर विरोध बनकर उभर रहे थे। रमेश घर में भी लड़ रहा था। बहनें अपनी शादी के लिए इकलौते भाई रमेश को लताड़ रही थीं। रमेश अपनी बिरादरी से ऊपर उठा एक इंसान था। फिर से बिरादरी में घूम-घूमकर बहनों के लिए लड़के ढूंढ़ने लगा। भैया की बातों को सुनकर मैं रमेश से मिलने की जुगत लगाने लगी। मैंने उसके आधे-अधूरे पते को लेकर ही उसका घर ढूंढ़ने निकली। घर पुरानी दिल्ली सदर की छोटी-छोटी गलियों को पार करके एक बंद कोने में था। घर पहुंचने ढूंढ़ने से पहले ही रमेश मुझे करौलबाग चौक पर खड़ी एक बस की पिछली सीट पर बैठा दिखा। मैं लालबत्ती क्रास कर रही थी, झटपट उसी बस में चढ़ गयी। रमेश कंडक्टर की सीट पर बैठा हुआ हाथों में टिकट की गड्डियों और रुपये रेजगारी पकड़े हुए था। टिकट... । कहां जाना है? मैं उसे देखकर हैरान थी, कंडक्टर और आप? उसने मेरी ओर देखकर फीकी मुस्कान फैंकी वह एक हारा हुआ सैनिक दीख पड़ा। मैं तुम्हारे घर जा रही थी। वह मुझे देखकर खुश हुआ। लोग हैरानी से देख रहे थे। उसने मुझे अपनी सीट पर बैठा दिया और खुद खड़ा हो गया। लोग हैरानी से देख रहे थे। उसने मुझे जल्दी ही घर आकर मिलने की बात कही और अगले स्टाप पर उतारकर मुझे घर लौटने को कहा। रमेश भाई कंडक्टर? एक एम.एल.ए. का बेटा एक हुनरमंद चित्रकार,

एक प्रतिभाशाली नौजवान एक कंडेक्टर बनकर तीन बहनों की जरूरतें पूरा कर रहा है। भैया को सब पता था। भैया ने मुझे कुछ नहीं बताया था।

अमित से मिले अपमान की टीस को भूलने की कोशिश कर रही थी। मैं उससे उबरने की कोशिश कर रही थी। रमेश के दुखों को देख मैं और दुखी हो गयी। हमारे समाज की अजब दास्तान है। रमेश के पिताजी एम.एल.ए. तो थे पर थे बड़े ईमानदार, सीधे, भोले-भाले थे बेटे के ऊपर पूरे परिवार की जिम्मेदारी छोड़कर चल बसे थे। बेटे को ही घर चलाना था, बहनों की शादी करनी थी, मां की देखभाल करनी थी आदि। आजकल विद्रोही रमेश खुद को मारकर परिवार के लिए सब कुछ कर रहा था।

रमेश और अमित दोनों के स्वभाव इसी दुनिया की देन हैं। वे दोनों एक दूसरे से एकदम विपरीत थे। रमेश का प्यार स्नेह प्रेरणादायी जीवन जो उत्साह से भर देता है। जहां उसके स्नेह का स्पर्श मन की सुप्त ग्रंथियां अनुकूल व्यवहार पाकर स्वतः प्रफुलित होने लगता है। अमित जिसके संपर्क में आने से मैं कुंठा से भर गयी थी। उसने मेरी औकात बताई कि मैं उसकी रुचि की नहीं थी क्या था उसका टेस्ट? बंद गली की तरह का उसका छद्म प्यार मेरे जीवन में न दोस्ती बनकर आया न इंसानियत की खुशबू लाया। मुझे अहसास कराया कि मैं एक अनफिट व्यक्ति हूं। क्रांतिकारी विचारधारों की आड़ में वह मानवीय संवेदनाओं का छद्म ढोंगी था। प्रेम के कितने रूप हैं क्या उसे कोई नाम दे सकता है? रमेश का स्नेह मेरे जीवन के हर मोड़ पर छांव बन छाया रहा था। वह दोस्त बनकर मुझे नैतिक बल दे रहा था। बदले में उसे कुछ नहीं चाहिए। रमेश और मेरा रिश्ता ऐसा ही था। वह मेरी जिंदगी में उगते सूरज की तरह था जिसकी पहली किरण में मैंने नई जिंदगी देखी। जिंदगी के नये अर्थ सीखे। उसके असीम स्नेह और सान्निध्य में मैं ऐसी शख्सियत बन गयी जिसकी जिंदगी में छद्म धारणाओं, वायदों की कोई अहमियत नहीं थी। जहां प्रेम प्रेरणा बनकर व्यक्तित्व को कुंठाओं से मुक्त कर शिखर कर पहुंचाता है वहां अमित जैसे ढोंगी बहरूपिये, कामुक भेड़िये प्यार की इस गंध को कभी नहीं सूंघ पायेंगे।

❐

मिस्टर मल्हौत्रा

मनोहर की पत्नी फिर से गर्भवती थी। वो हमेशा की तरह यह कहकर मेरठ गयी थी जल्दी आ जाएगी। तीन महीने से ज्यादा हो गये वो आ ही नहीं रही थी। एक दिन रामस्वरूप मौसा घर आये और उन्होंने बताया कि बहू कह रही है, कि जब तक रज्जो उस घर में रहेगी मैं दिल्ली नहीं आउंगी। उनका प्रसव मेरठ में अपने मायके में ही संपन्न हो गया था उन्हें लड़की हुई थी। मौसा जी की बात मुझे छुपायी जा रही थी और मेरे लिए भाईजी बहुत दुखी हुए। इस बार उन्होंने मौसा जी को गुस्से में कह दिया कि वो हमारे लड़के को अपने मायके में रख ले मैं अपनी लड़की के बारे में कुछ नहीं सुनूंगा। आज मेरी पत्नी ठीक होती तो क्या वो ऐसी बात कर सकते थे? मुझे चन्दरवती मौसी ने बताया कि बहू अपने मायके में जाकर बैठ गयी है। भाभी के मायके में मैं खलनायिका समझी जाती थी।

भाभी परम्परावादी कट्टर धार्मिक हिन्दूवादी थी तो मैं बुद्धिज्म की तरफ चल पड़ी थी। मनोहर भी अनीश्वरवादी, अम्बेडकरवादी, प्रगतिशील विचारों का था। मेरे अपने विचार ही उसके और उसके दोस्तों की देन थे। शादी के बाद मनोहर ने यू टर्न ले लिया। मैं नहीं जानती सब वो अपनी पत्नी की आस्था के लिए कर रहा था या वास्तव में उसकी आस्था वापस हो गयी है। परन्तु मैं अपनी भाभी के अनुरूप बिल्कुल नहीं हो सकती थी। जब मैंने पहली बार चन्द्रिका प्रसाद जिज्ञासु की लिखी डॉ. अम्बेडकर की जीवनी पढ़ी तो मैंने धीरे-धीरे हिन्दू धर्म के ढकोसले, पूजा-पाठ करने छोड़ दिये। यहां तक कि दीवाली के समय भाईजी लक्ष्मी-गणेश की पूजा करते थे, उसमें भी मैं न बैठती थी। मेरे मित्र अम्बेडकरवादी, कम्युनिस्ट, नारीवादी थे मैं भी उनकी तरह सोचने और समाज में परिवर्तन करने की दिशा की ओर अग्रसर थी। घर के क्लेश और रोज-रोज की नित बातों से मैं ऊब गयी थी। इस निराशा भरे माहौल में, प्रतिकूल वातावरण में सोशल वर्क

करते-करते मैं निराश हो गयी थी और एकाएक लम्बे बुखार की गिरफ्त से आ गयी। टाईफायड से ठीक होने के बाद एक दिन मैं घर की सफाई कर रही थी तो देखा कि मेरे नाम का एक सरकारी लेटर घर के अखबारों के नीचे दबा हुआ था। मैंने कौतूहलवश उसे जल्दी-जल्दी खोला तो अवाक रह गई। मेरे लिए एक सरकारी नौकरी का नियुक्ति पत्र था। तारीख देखी तो यह चिट्ठी एक महीने पहले पोस्ट की गयी थी और उसी दिन ही उसे स्वीकार करने का अंतिम दिन था। मैंने सारा काम जैसे का तैसे छोड़ दिया और नहा-धोकर तैयार होकर खान मार्केट स्थित प्रवर्तन निदेशालय के बताये पते पर नियुक्ति पत्र लेकर पहुंच गयी। घर में किसी को नहीं पता था। आज की तरह सेल फोन तो क्या लैंड लाइन भी सब जगह नहीं होते थे। दफ्तर में पहुंचकर मैं मि. मल्होत्रा जी से मिली तो उन्होंने मुझसे खीझते हुए कहा, आखिरी तारीख पर आ रही हो। दिल्ली में दो पोस्ट थीं जो पहले आया उसे दे दी गयी हैं। तुम पहले आ जाती तो तुम्हें दिल्ली में रख लेते और लड़के को मुंबई भेज देते। खैर, एक पोस्ट मुंबई में है। क्या तुम जा सकोगी?

मैंने कहा, 'हां सर, जरूर जाऊंगी। मुझे नौकरी की सख्त जरूरत है। मैं मुंबई में ही ज्वॉइन कर लूंगी। मेरी तरफ देखकर मल्होत्रा जी ने कुर्सी की तरफ इशारा करते हुए कहा, बैठो। उन्होंने इशारे से चाय वाले को बुलाकर चाय का आर्डर दे दिया। अपने टेबल की दराज से पैन और कोरा कागज निकालकर मुझे पकड़ाते हुए कहा, अर्जी लिख दो कि मुझे एक महीने की एक्सटेंशन दी जाये ताकि मुंबई ज्वॉइन करने के लिए थोड़ा समय मिल सके। यह भी लिखो कि मुंबई की यह नौकरी मैं स्वीकार करती हूं। मैंने जल्दी-जल्दी से अर्जी लिखी और उन्हें पकड़ा दी। अर्जी लेने के बाद मल्होत्रा जी ने चाय पीते हुए मुझे कहा, तिलक कुमारी (मेरा सर्टिफिकेट नाम तिलक कुमारी था।) मुंबई में अपना ख्याल रखना। घर से किसी बहन-भाई को साथ रख लेना। वो मुझे ऐसे समझते रहे जैसे हमारे परिवार का कोई बुजुर्ग मुझे मुंबई जाने से पूर्व समझा रहा हो।

खान मार्केट स्थित लोकनायक भवन में हर तल पर सरकारी दफ्तर है। मैंने अपनी इस नौकरी के लिए स्टाफ सलेक्शन कमीशन के तहत फार्म भरा था, लिखित परीक्षा पास करके टाइपिंग टेस्ट भी दिया था। इसलिए मैं यहां आसानी से पहुंच गयी थी। यहां से घर लौटकर पहले छोटी बहनें जो स्कूल से पढ़कर वापस आ गयी थीं। उन्हें बता दिया कि मेरी नौकरी लग गयी। शाम को भाईजी और मनोहर समेत सबको पता चला गया था कि मेरी सरकारी नौकरी लग गई

है। मनोहर तो खुश था परन्तु भाईजी चुप रहे। बहुत जद्दोजहद के बाद भाईजी मान गये। अंततः मनोहर की पत्नी का हट पूरा होने वाला था। मेरे मुंबई जाने से वो वापस आ सकती थी।

जून 1984 का मनोहर ने मेरा व अपना टिकट बुक करा दिया और हम मुंबई चले गये। मुंबई में मनोहर का एक दोस्त मनुद्दीन खां रहता था जो गुजरात एम्पोरियम में काम करता था। हम उसके आवास पर गये हुए थे। उन दिनों वहां हिन्दू-मुस्लिम का दंगा हो चुका था लेकिन तनाव बहुत ज्यादा था। 25 जून को हम मुन्ना के घर रुके। वो किसी झोपड़पट्टी में रहता था। वह झुग्गी इतनी छोटी थी कि हम छह लोग उसमें सिकुड़कर सोये। रातभर दंगाइयों की आवाज सुन-सुनकर मुन्ना नहीं सोया। वो हमारी सुरक्षा के लिए रात भर जागा। 26 जून को सुबह मैं और मनोहर नरीमन प्वाइंट गये और वहां प्रवर्तन निदेशालय में मैंने अपनी ज्वॉइनिंग की। उसी दफ्तर में दक्षिण भारतीय लड़की निर्मला जो आशुलिपिक थी ने मुझे चेंबूर आम्रपाली वर्किंग वूमेन हॉस्टल में दाखिला लेने में मदद की।

मुझे मुंबई में छोड़कर मनोहर वापस आ गया। हॉस्टल में मैंने शेयर रूम ले लिया था। पहली बार मैं घर से बाहर सबसे दूर रह रही थी। घर की याद आती, दिल्ली के दोस्तों की याद आती, याद आते मुझे अपने घर के बगल के खेत। जनता कालोनी के स्कूल से आती तो वहीं से आती। कभी मैं कल्पना करती कि मैं वहां से गुजर रही हूं और घर जा रही हू। मां की याद आती कि सब कैसे चल रहा होगा। मैंने स्वयं को वहां बहुत व्यस्त कर लिया। सुबह मैंने सिद्धार्थ कालेज में एलएलबी का दाखिल लिया और शाम को मास कम्युनिकेशन में दाखिला ले लिया। मेरी पहली तनख्वाह 779 रुपये थी। इसी पैसे में कंजूसी करके मैंने दो जगह दाखिला ले लिया। पैसे की कमी तो थी परन्तु मन में बहुत उमंग थी। सुबह अपने आफिस जाती। जाते समय एल.एल.बी. क्लास में जाती उसकी कक्षाएं सुबह लगतीं। सिद्धार्थ कॉलेज वी.टी. स्टेशन के पास था। शाम को आफिस से फिर पैदल ही मास कम्युनिकेशन की क्लास में जाती। हॉस्टल आकर इतना थक जाती कि झटपट नींद आ जाती। मैं अपने आफिस में मन लगाकर काम भी सीखने लगी। मैं ग्यारहवीं कक्षा के बाद कविताएं लिखने लगी थी। मुंबई की भीड़ और जीवन पर कई कविताएं लिखीं। एक दिन मैं शाम को हॉस्टल वापस आ रही थी। हॉस्टल के बिल्कुल पास ही देखा कि एक औरत एकदम नंगी थी, उसका मानसिक संतुलन बिगड़ा हुआ था। कुछ लड़के उसे पत्थर मार रहे थे। मेरे लिए यह बहुत असहनीय था। मुझे अपनी मां की याद आयी

और मैं हॉस्टल के बाथरूम में जाकर बहुत रोई। अगली सुबह मैंने कविता लिखी कि पागल कौन है? कई दिन तक मैं बेचैन रही।

काफी दोस्तों को मैंने अपने हॉस्टल से पत्र लिखे। जवाब में कई दोस्तों के पत्र आने लगे जिनमें जयप्रकाश कर्दम, डॉ कंवल, आनंद भारती, मेरी सहेली द्रोपदी, खिचड़ीपुर से आंगनवाड़ी कार्यकर्ता निर्मल कौर और हमारे घर की तरफ से अशोक की चिट्ठी। टीवी रूम में घुसते ही ट्रे में अपने नाम की चिट्टी देखकर बेहद खुशी होती।

❒

मुम्बई के रमणीक दृश्य

मुंबई शहर बहुत ही विशाल जनसंख्या वाला शहर था। सुबह उठते ही मैस में चाय-नाश्ता करने के बाद लड़कियां नहा-धोकर अपने-अपने रूम में तैयार होतीं। मैं जिस हॉस्टल में थी उसका नाम आम्रपाली वर्किंग वूमन था। यह हॉस्टल चैम्बूर में था। हॉस्टल से थोड़ी दूरी पर झुग्गियां थीं और उन झुग्गियों में डॉ. अम्बेडकर का स्टेच्यु व यशोधरा महिला मंडल का बोर्ड लगा था। राह चलते बोर्ड देखकर मैं कौतूहलवश एक बस्ती में चली गयी तो देखा 'दलित पैंथर' का बोर्ड भी अंदर लगा हुआ था। कई बार वहां जाने पर मेरी उनसे दोस्ती हो गई। दलित पैंथर का असली अड्डा वडाला कालेज में था। रविवार के दिन मैं दलित पैंथर के साथियों से मिलने गयी तो मनोहर अंकुश, रामदास आठवले, प्रेम भाई गोहिल, अरुण काम्बले के साथ-साथ बीसियों छात्र वहां मौजूद थे। वे प्लानिंग कर रहे थे कि किन-किन जगहों पर बैठकें लगें। मुंबई जैसे शहर में डॉ. अम्बेडकर के नाम की संस्थाएं बनाकर उनके अनुयायियों ने जगह-जगह बोर्ड लगाये हुए थे। उत्तर भारत खासतौर से दिल्ली में मैंने ऐसा नहीं देखा था कि बस्ती-बस्ती में डॉ. अम्बेडकर के नाम से या उनकी पत्नी के नाम से या गौतम बुद्ध, यशोधरा, महामाया के नाम से संगठन व उनके बोर्ड लगे हों। मैं दलित पैंथर की मीटिंगों में जाने लगी। अक्सर ये मीटिंगें रात में होतीं। हॉस्टल का समय प्रतिबंधित था। मुझे रात को 9 बजे तक लौट आना चाहिए था परन्तु मैं अक्सर रात को एक बजे तक लौटती थी। हॉस्टल की वार्डन दलित ही थी और वो दलित पैंथर के नाम से परिचित थी। शुरू-शुरू में उसने मुझे नहीं रोका बाद में उसने मुझे कह दिया कि देर से आओगी तो गेट नहीं खुलेगा। हॉस्टल का अनुशासन है तुम्हें मानना है तो रुको नहीं तो कहीं और जाकर रह सकती हो। मैंने भी इस बात को संजीदगी से समझते हुए दूर इलाकों की मीटिंग में जाना छोड़ दिया। उसी समय मैंने मुम्बई का प्रख्यात नारीवादी संगठन 'वूमेन फोरम' ज्वॉइन कर लिया।

वहां मेरी मुलाकात 'कुंदा कदम' से हुई। एक सामाजिक कार्यकर्ता थी। रेडीकल फेमनिष्ट थी। वूमेन फोरम मध्यम वर्गीय महिलाओं का नारीवादी सोच पर आधारित फोरम था जो महिलाओं के विरुद्ध हर तरह के भेदभावों के खात्मे के लिए सक्रिय भूमिका निभा रहा था। दिल्ली में 'सहेली' नाम के संगठन से मेरा जुड़ाव पहले से था अतः मुझे यहां मुद्दों और उनकी गतिविधियों को समझने में समय नहीं लगा। मुंबई हो या दिल्ली महिलाओं की समस्याएं उत्पीड़न एक जैसी थीं। आंदोलन भी एक जैसे थे। घरेलू श्रम को सम्मान दिलाना, महिलाओं को बराबरी का हक दिलाना, स्त्री-पुरुष असमानता को समाप्त करना, पितृसत्तात्मक रुझानों को एक्पोज करके उनके विरुद्ध प्रचार करना आदि....आदि इन संगठनों के अभियान थे। मैं विभिन्न तरह के समूहों के बीच सक्रिय हो रही थी। उनकी गतिविधियों से परिचित हो रही थी। सुबह मैं सिद्धार्थ कॉलेज जो मुंबई फोर्ट एरिया में था वहां अपनी एल.एल.बी. कक्षा के लिए जाती थी। वहां मराठी, सिंधी, मुस्लिम दलित छात्र-छात्राओं के बीच दोस्ती हो रही थी। वहां सिर्फ पढ़ाई ही नहीं घूमने-फिरने, सैर-सपाटे, चौपाटी या घूमने की बात होती तो कभी सब मिलकर रविवार के दिन पिकनिक मनाने जाते। पाव बड़ा बड़े शौक से खाते। श्रीखंड जो मीठी दही का परिवर्तित रूप था उसे मराठी छात्र-छात्राएं बहुत चाव से खाते थे। पहले-पहल श्रीखंड मुझे अच्छी नहीं लगी। लेकिन धीरे-धीरे मुझे भी स्वाद लगने लगी। इस कॉलेज में मेरे कई मित्र बने परन्तु आशा लांडगे जो एल. एल.बी. सेकेंड ईयर में थी एवं दलित कार्यकर्त्ता भी थी तथा स्मिता मराठी ब्राह्मण थी दोनों अच्छी दोस्त बनीं। एक बार स्मिता मुझे अपने घर भोजन के लिए ले गयी। भोजन में उन्होंने दो-तीन तरह की भाजी व मटन बनायी। एक मटन छोटे-छोटे पीस वाला काली मिर्च में बनाया था दूसरा लाल ग्रेवी वाला तो तीसरी मेथी की भाजी। उबली हुई दाल को वे उसल बोल रहे थे। दाल-चावल व बड़ी-बड़ी चपातियां को चार टुकडों में करके मेरी थाली में परोसीं। दही-पापड़ और अचार सब देखकर मुझे समझ नहीं आ रहा था इतना सब कैसे खाऊं। स्मिता और उसकी बहनें खाने हेतु सब साथ बैठी थीं। स्मिता मुझे बार-बार कहती, 'खा' ठीक से खा। घर का खाना बहुत दिन से नहीं खाया है न? आज अपना घर समझ कर पेट भरकर खा। स्मिता थोड़ा हकलाती थी। मुझे उसकी हकलाहट में भी सारी बातें उसके बोलने से पहले समझ आ जाती थीं। स्मिता बहुत ही प्यारी सहेली थी, अच्छी इंसान भी थी। स्मिता के घर के खान-पान से और रहन-सहन से विपरीत आशा लांडगे का घर था। जब मैं एक दिन आशा

लांडगे के घर गयी तो चाल देखकर हैरान हो गयी। तीन मंजिला चाल में लाइन से आमने-सामने 25-25 मकान जैसी छोटी-छोटी कोठरियां टाइप बनी थी। आशा के छोटे से कमरे में ही किचन और नहाने का बाथरूम अंदर ही बनाया हुआ था। एक कोने में जहां नहाने की जगह बनी थी उसी के ऊपर कपड़े टांगने की अरगनी बंधी थी जिस पर रूमाल टाइप छोटे-छोटे सूती कपड़े टंगे हुए थे। पूछने पर आशा ने मेरा मजाक उड़ाया कि तुम लोग 'महीना' आने पर कपड़ा इस्तेमाल नहीं करते क्या? ये वो ही हैं। मैं समझ गयी हम तो पैड इस्तेमाल करते हैं। और मेरी मां माहावारी अपना यूज किया कपड़ा कूड़े में फैंकती थी। मुझे आशा का ये तरीका अच्छा लगा। अलग-अलग जगहों पर उनकी जरूरतों और अपनी सुविधाओं के अनुसार लोग खान-पान रहन-सहन करते हैं फिर वही उनकी संस्कृति बन जाती है। उसकी मां ने हमें खाना परोसा। खाने में वही बड़ी-बड़ी रोटियों को चार टुकड़ों को तोड़कर थाली में रख कर साथ थोड़ी सी सब्जी थी। दो जातियों के बीच खाने के तरीके और गुणवत्ता का इतना गहरा फर्क नजर आया। एक घर में खुला हुआ एक किचन बाथरूम वाला घर था। दूसरे घर में बाथरूम किचन ही नहीं था। दोनों की माली हालातों में काफी फर्क था। मुंबई में गरीब-अमीर निम्न मध्यमवर्गीय दलित-गैर दलितों के जीवन भी दिल्ली से कुछ अलग नहीं थे। आशा जिस चाल में रहती थी उसी चाल से दलित पैंथर ने एक नेता 'भाई संघारे' भी रहते थे। आशा ने मुझे उनसे मिलवाया था। मराठी टाइप हिन्दी में उन्होंने मुझसे दिल्ली के दलित आंदोलन के बारे में काफी बातें पूछीं। मुझे जितनी जानकारी थी मैंने उन्हें दी।

नामदेव ढसाल प्रसंग एक बार हम सब सहेलियां मिलकर ऐलीफेंटा केवस देखने गये। सुबह सवेरे सब गेटवे ऑफ इंडिया पहुंचे। नाव पर सवार होकर एक घंटे बाद ऐलीफेंटा केवस उतरे, दिन भर वहां केवस देखे। खाना खाया, मस्ती की। जाते वक्त सुबह की सूर्य की किरण समुद्र की लहरों पर पड़ती तो सुनहरी पट्टियों जैसी दिखती। सबसे सुंदर थी कि बतखें और पानी के सतह पर तैरने वाले सफेद पक्षी नाव के पीछे-पीछे आते। हम उनके लिए कुछ खाने की चीजें डालते। वे क्रमबद्ध हमारे पीछे-पीछे चुगते हुए आते। ऐसे रमणीक दृश्य न भुलाये जाने वाले वो क्षण आज भी मन में ऊर्जा देते हैं।

❐

सिखों पर हमले

सन् 1984 मुंबई ज्वॉइनिंग के बाद मैं दिल्ली नवम्बर में छुट्टियां लेकर आयी। पहली बार रेल में इतना सफर मैंने अकेले बिताया। रात को खाना खाकर लेटी तो ट्रांसल से बुखार जैसा हो गया था। बार-बार प्यास लगती। पानी पीते-पीते सुबह हो गयी जब दिल्ली पहुंची तो डाक्टर को दिखाकर दवाई ली ठीक होने पर दिल्ली के दोस्तों से मिली। भाई का एक दोस्त था आनंद जो इंडियन ऑयल में स्टेनोग्राफर था। उसके साथ एक जाति हिंसा के विरोध पर हुए धरने पर मुलाकात हुई। कामरेड पी.के. शाही, कामरेड पी.पी. सिंह, प्रो. ओंकार यादव, राना कौशल, विजय प्रताप, भास्कर नंदी, गोविंद केलकर, एडवोकेट भगवान दास जी से भी मुलाकात हुई। पी.के. शाही जी ने हिरावलदस्ता नाम की पत्रिका दी उसके एवज में मैंने कुछ रुपये उन्हें दिये। पी.के. शाही ने आनंद और उनके मित्रों से मेरा परिचय कराया, उस समय उसके साथ विजय कुमार पुरी, अशोक कुमार थे। तीनों एक टीम के रूप में परिचित कराये गये जबकि मैं आनंद को दो-तीन साल पहले से ही जानती थी। वो अक्सर अलग-अलग बैठकों में मिलता रहता था। मास्टर मदन सांवरिया, देवी सिंह, हबीब अख्तर, आनंद (हैल्पी) अंजली तारा के साथ बैठकों में भी मिल चुकी थी। 'सहेली' की सक्रिय सदस्य होने के नाते हम स्त्रियों के हिस्सेदारी या हकों पर बहुत संवेदनशील थे। हमारे दलित साथियों को ये बात बहुत ही तक़लीफ देती, वे हमें अतिवादी तक कह देते। हम उन्हें घरेलू काम करने की सलाह देते। पीछे-पीछे वो हमारी मजाक भी उड़ाते।

अपनी छुट्टियां बिताकर मैं वापस मुंबई चली गयी तो मनोहर मुझे स्टेशन पर ट्रेन में बैठाने आया। सभी छोटे बहन-भाई अब अपने-अपने तरीकों से स्वयं पल रहे थे। छोटी बहन पुष्पा की प्राइमरी टीचर की नौकरी लग गई। छोटे भाई संजय-मनोज खुश नहीं थे। अशोक अपनी इंजीनियरिंग की पढ़ाई कर रहा था

और अनीता भी पढ़ाई कर रही थी। राहुल के बाद अब मीनू के साथ भी छोटे बहन-भाई ही उन्हें खिलाते और उनके साथ खेलते।

एक शाम जब मैं अपने आफिस नरीमन प्वाइंट से निकलकर ट्रेन बदलती हुई कुर्ला स्टेशन पहुंची तो देखा काफी देर पीछे से ट्रेन नहीं आ रही थी जबकि मुंबई की लोकल ट्रेन पांच मिनट बाद आती रहती थी। महिलाओं में खुसुर-पुसुर हो रही थी। मैंने एक महिला से पूछा कि ट्रेन क्यों नहीं आ रही तो उसने बताया कि दिल्ली में इंदिरा गांधी की हत्या हो गई है। हत्यारे सिख थे। हत्या के बाद जनता ने सिक्खों पर हमला बोल दिया है। लूटपाट मच गयी है। मैं सुनकर डर गयी। दिल्ली स्थित हमारी गली में एक सिख परिवार था। आसपास की गलियों में कई सिख परिवार थे। मनोहर का पक्का दोस्त तेजेन्दर भाई भी सिख था। उनकी गांधी नगर में बड़ी दुकान थी। मन बहुत बेचैन था। मुंबई में ज्यादातर अखबार मराठी और अंग्रेजी के ही मिलते। हॉस्टल में टीवी था परन्तु लड़कियां न्यूज नहीं देखती थीं न देखने देती थीं। मैं कुर्ला स्टेशन से बाहर निकलकर लोगों से पूछ-पूछकर चैम्बूर की बस पकड़कर हॉस्टल वापस आयी। टीवी की न्यूज से दिल्ली की स्थिति का पता चला। दो-तीन दिन में ये दंगे शांत हुए परन्तु मेरा मन नहीं लग रहा था। आज जैसा कम्युनिकेशन पहले नहीं था कि तुरन्त फोन कर लो। लैंड लाइन फोन भी हमारे घर में नहीं था। अतः मन मारकर समय के साथ बहती रही। 1985 के मार्च के महीने में मैं फिर से आफिस के काम से दिल्ली आयी और जब अपने घर पहुंची तो पता चला कि सरदारनी आंटी विधवा हो चुकी थीं। उनके पति के साथ-साथ उनके बड़े बटे को भी लोगों ने जलाकर मार दिया। छोटा बेटा काका और बड़ी बेटी के साथ आंटी उदास-उदास सी रहती थीं। जब मैं उनसे मिलने गयी तो वो बहुत रोयीं। उन्होंने बताया कि पता नहीं कहां से लोग आये और हमारे घर का सारा सामान लूट लिया लेकिन मुहल्ले वालों ने भी हमें नहीं बचाया। मैं बहुत अपराधी सी महसूस कर रही थी। लोगों की बर्बरता के समक्ष हम कितने निरीह हो जाते हैं। मौत का तांडव नृत्य मैंने देखा नहीं था परन्तु उनकी जुबानी सुनकर मेरे रोंगटे खड़े हो गये थे। मेरी आंखों के आंसू आंटी की आंखों के आंसू के साथ बहते रहे। मैंने आंटी से कहा, अगर मैं यहां होती तो चाहे मेरी कोई जान ही ले लेता मैं आपको बचाने की पूरी कोशिश करती आंटी। आंटी जानती थीं मैं जज्बात में नहीं कह रही थी। उन्होंने मुझे गले लगाया और कहा, ''बच्ची, रब देखेगा हमारी आत्माओं का सबर उन्हें लगेगा।

अपनी सहेली निर्मल कौर जो खिचड़ीपुर में रहती थी, हमारे साथ आगनवाड़ी यूनियन में सक्रिय थी। निर्मल कौर अपने पति को पसन्द नहीं करती थी। उसकी एक बेटी थी प्रिंसी जो शारीरिक रूप से विकलांग थी। परन्तु मुझे उसके पति सीधे-सरल लगते थे। वे स्व. बच्ची का बहुत ख्याल रखते थे। वे पगड़ीधारी सिख थे, निर्मल को कोई मोना सिख स्मार्ट-चंचल व्यक्ति चाहिए था। जब मैं उससे मिली तो उसकी आंखों में आंसू थे। उसने बताया कि कैसे पूरी भीड़ सरदार जी के पीछे पड़ गयी और सरदार जी ऊंची दीवारों पर चढ़ गये अपनी जान बचाने के लिए, उन्होंने कितने खतरे उठाये। बहुत ही दर्दनाक मंजरों से गुजरा सिख समुदाय जिसकी टीस भुलाये नहीं भूलती। तेजेन्द्र भाई के घर में भी बहुत तनाव भरा वातावरण रहा। शुक्र है कि वहां कुछ बचाव हो गया था।

सिखों के विरुद्ध हिंसा के रोकथाम के लिए प्रगतिशील मानवाधिकारवादी व स्त्रीवादियों ने सड़कों पर शांति मार्च निकाला। सहेली, पीआरओ, पीएसओ जैसे संगठन खुलकर बाहर सड़क पर आये। कुछ समय बाद सिक्खों पर हुए बर्बर अत्याचारों की जांच-परख रिपोर्ट आने लगी जिसमें यह तथ्य उभारे गये कि दलित इस कृत्य में संलिप्त थे। 'मुक्ति' संस्था की ओर से अशोक भारती ने इस रिपोर्ट पर आपत्ति दर्ज की और कहा कि ये कत्लेआम सरकार की शह पर हुए और इसमें मरने वाले त्रिलोकपुरी में दलित सिख भी थे।

सिख दंगों के बाद 'सहेली' संगठन के साथ जुड़ी सीनियर साथी गोरी चौधरी ने सिख विधवा बहनों के लिए आर्थिक मजबूती देने के लिए काम शुरू किया। गलतफमियों के कारण सहेली में कुछ मतभेद उभर आये। मैं मुंबई वापस लौट गयी। अपनी पढ़ाई और नौकरी में ध्यान समेट लिया। अपनी परीक्षाओं की तैयारी में लग गयी। एकाएक मेरा मुंबई से दिल्ली ट्रांसफर हो गया जिसके लिए मैं इतनी जल्दी तैयार नहीं थी। अपनी पढ़ाई बीच में छोड़कर मैं दिल्ली आ गयी।

दिल्ली वापस आने पर सबसे पहले भाईजी से पानी का कनेक्शन लेने को कहा। मेरी तनख्वाह 779 से बढ़कर 1200 हो गयी थी। जल्दी ही तनख्वाह बढ़ गयी। बोनस भी मिला। भाईजी ने कर्ज लेकर घर बना लिया था। पानी का कनैक्सन भी ले लिया। घर में अभी भी हालात अच्छे नहीं थे, परन्तु पहले से बेहतर थे।

मैं सुबह खान मार्केट स्थित लोकनायक भवन जहां हमारा हेडक्वार्टर था ड्यूटी पर चली जाती और शाम को 'सहेली' जाने लगी। 'सहेली' से राव कोई

अध्ययन कर रही थी जो निजामुद्दीन बस्ती में चल रहा था। बस्ती के दो घर हमारे अड्डे थे। एक दलित परिवार जो मराठी था और एक मुस्लिम परिवार। दोनों घर की मुखिया महिलाएं थीं। बहुत ही जिंदादिली से अपने बच्चे पाल रही थीं। अपना घर चला रही थीं। दोनों ही कामकाजी महिलाएं थीं। एक रविवार मैं बस्ती में गयी। अन्य सहेलियां भी पहुंची हुई थीं। एकाएक एक शोर मचा। देखा तो सामने वाली गली में एक आदमी को औरतें चप्पलों से पीटती चली आ रही हैं। आदमी के कपड़े फटे हुए हैं। बच्चे आदमी के पीछे-पीछे हुजूम बनाकर चल रहे थे। हमें पता नहीं चल रहा था कि क्या हुआ है। थोड़ी देर बाद पता चला कि उसने किसी लड़की को छेड़ा था। जब औरतें उस आदमी की परेड निकालकर वापस लौटीं तो हमारी सहेलियों ने कहा पुलिस में शिकायत कर देतीं तो ठीक रहता। उनमें से एक ने कहा कि दीदी पुलिस कोई कार्यवाही नहीं करती। गुंडागर्दी बढ़ती जा रही है। हम निरुत्तर हो गये। वो कारवां वापस वहीं खत्म हो गया। उस आदमी को धमकी देकर वहां से भगा दिया। इस तरह की घटनाएं आठवें दशक में तेजी से बढ़ रही थीं। सड़कों पर युवतियों के साथ छेड़छाड़ काफी मात्रा में थी परन्तु बस्तियों की सचेत बहनें अपने स्तर पर ऐसे मामले निपटा लेती थीं। पुलिस प्रशासन की उदासीनता ही लोगों को विवश करती है कि वे कानून हाथ में लें। पुलिस प्रशासन चुस्त व ईमानदार मेहनती हो तो अशांति एवं गुंडागर्दी पर नियंत्रण पाया जा सकता है।

❒

नये क्षितिज की ओर

रविवार का दिन, हम सब नाश्ता करके बैठे थे। घर में सब कुछ ठीक चल रहा था। मैं अभी तक शादी न करने के पक्ष में खड़ी थी। मैं समझती थी मां मानसिक रूप से विक्षिप्त है। छोटे बहन-भाइयों की पढ़ाई करानी है। अतः मैं अगर शादी नहीं करूंगी तो घर की हालत सुधरती रहेगी। भाईजी पर बहुत कर्ज था। मनोहर अब अलग हो चुका था। उसने अपनी फैक्टरी अलग लगा ली थी। उस पर भी कर्ज हो गया था। परम्परावादी समाज को यकीन के अनुसार हर किसी की शादी होनी है। मेरे लिए कई रिश्ते आये, किसी को मैं पसंद नहीं आयी और किसी को मैंने स्पष्ट कहा कि मैं सोशल वर्क नहीं छोडूंगी किसी कीमत पर। मेरी एक सगाई तुर्कमान गेट निवासी से होकर टूट चुकी थी। परन्तु भाईजी रोज-रोज कहते रहते, 'बेटी तो राजा की भी कुंवारी नहीं रहती।' फिर हम किस खेत की मूली हैं। मैं उनसे कहती जब मुझे करनी होगी तब मैं आपको बता दूंगी। अभी आप छोटी बहन की शादी कर दो। एक बार मनोहर ने मुझसे पूछा, आनंद को जानती हो? वह इंडियन ऑयल में नौकरी करता है। तुम्हें पसंद करता है। मैंने कहा, हां, जानती हूं। क्या उसकी शादी नहीं हुई? बहुत बड़ा लगता है। हमारी बात सुनकर भाईजी ने तपाक से पूछा, किस बिरादरी का है?

मनोहर थोड़ा चुप हो गया और धीरे से बोला, वाल्मीकि समाज से है। पढ़ा-लिखा है। हमें जात-बिरादरी से क्या लेना?

भाईजी ने चुप्पी साध ली थी। मैंने भी कहा, नहीं मुझे नहीं करनी। उस दिन ये बात आयी-गयी हो गयी। भाईजी अखबार पढ़ने लगे। मनोहर ऊपर अपने कमरे में चला गया मैं बाथरूम में कपड़े धोने लगी। हर दिन की दिनचर्या पर दिन बीतते गये।

अगले रविवार को भारतीय महिला जागृति परिषद की मीटिंग मुनिरका में होनी थी। मैं मिसेज बैसंत्री के घर गयी, वहां उनकी बेटी सुजाता सिंह से मुलाकात

हुई। सुजाता ने पूना फिल्म इंस्टीट्यूट से कोर्स किया था। कोर्स खत्म होते ही एक सिख लड़के से प्रेम विवाह कर लिया था। जिंदगी के उतार-चढ़ाव में कुछ निराशाओं में घिरी थी। हमने उसे सुझाव दिया दलित थियेटर बना लो। उसने 'आह्वान' थियेटर बनाया जिसमें अमर रामटेके, तारा रामटेके, हेमंत, कर्मशील भारती, मैं व अन्य काफी लोग सक्रिय हो गये थे। पहला नाटक दलित स्त्री पर 'देवदासी' श्रीराम सेंटर में मंचन होना था। हेमंत पंडित, मैं देवदासी की मां, देवदासी एक प्रोफेशनल आर्टिस्ट थीं। इस नाटक टीम में अशोक लोखंडे, यशवंत निकासे, डायरेक्टर दिनेश खन्ना भी सम्मिलित हुए। दिनेश ने हम सबसे खूब अच्छा काम लिया। अभिनय क्या होता है यह उसके निर्देश में बखूबी निकलकर आया। हम शाम को रिहर्सल करते थे। आनंद अक्सर वहां मिलने आ जाता। फिर हम दोनों पैदल चलकर मद्रास होटल (आज शिवाजी स्टेडियम कहा जाता है) आते। वह अक्सर मुझे समझाता कि मैं अपनी तनख्वाह खुद अपने पास रखूं। मैं कहती, नहीं अपने घर में ही दूंगी क्योंकि हमारी जिम्मेदारी घर के साथ है।

वह अक्सर इस बात पर टीका करता रहता कि क्यूं मुझे अपना पैसा अपन रखना चाहिए। बस स्टैंड आने पर मैं 317 नंबर की बस पकड़ती और वह अपने घर पंचकुइयां रोड पर चला जाता। देवदासी नाटक का सफल मंचल हुआ, उसके बाद मूलाटो नाटक का मंचन हुआ। तब तक सुजाता ने हमें ग्रुप से निकाल दिया नये लोगों को ले लिया। कौशल्या बेसंत्री आंटी ने हमें यही समझाया कि उसे उसके तरीके से चलने दो हमारे पास बहुत दूसरे काम हैं।

एक शाम आफिस से आयी तो छोटे भाई मनोज, संजय को लेकर कृष्णा भाभी से मेरी कुछ बहस हो गयी, उसने मुझे काफी बुरा-भला कहा। मैं भाईजी और मनोहर के आने से पहले ही गुस्से में घर से निकल गयी। दो-तीन दिन घर नहीं आयी। राजधानी एन्क्लेब में सहेली की तीन कार्यकर्ता एक फ्लैट में रूम शेयर करके रहती थीं–कल्पना, रुक्मणी राव और देवेन्द्र कौर। वहीं पास में तारा और हबीब अख्तर भी फ्लैट लेकर रह रहे थे। मैं कल्पना के फ्लैट पर रहने चली गयी। वहां सब तरह के सुख थे फिर भी घर में पीछे सब परेशान होंगे यह संताप बना रहा। मेरी मां जो खुद बीमार थी, छोटी बहन को लेकर मुझे लेने आयी। मैं बहुत दुखी थी परन्तु उन्हें कह दिया गुस्सा कम हो जाने पर आ जाऊंगी। मैं किसी का गुस्सा स्वयं अपने ऊपर अपने परिवार पर उतार रही थी, विशेषकर अपने भाईजी पर। वो मुझे अपनी पुत्रवधू के समक्ष कम आंकते थे। बहू कुछ भी बोले, मुझे ही डांटते। मैं मनोहर से भी नाराज थी। उसकी पत्नी और उसके मायके के सामने हम सब जीरो हो चुके थे।

मैंने मन ही मन शादी करने का फैसला कर लिया था। मेरे पास शादी के तीन प्रस्ताव थे। शादी थी या पलायन, यह मैं उस समय समझ न सकी। मैं अपनी परिस्थितियों का डटकर मुकाबला न कर सकी। 'शक्ल न सूरत तुझसे कौन शादी करेगा? तुर्रा ये कि मैं शादी नहीं करूंगी' भाभी के ताने ने मुझे बहुत अपमानित किया। भाईजी समझाते रहे भूल जाओ, समझो तुमने कुछ सुना ही नहीं। कभी कहते शादी के लिए हां कह दे। सबका मुंह बंद कर दूंगा। मैं अपमान का घूंट पीकर अपने घर से निकल गयी थी। अपनी सहेलियों के घर से ही दफ्तर जा रही थी।

शाम को आई.एस.आई में मार्क्सवादी नेता भास्कर नंदी ग्रुप की मीटिंग थी। एडवोकेट भगवानदास जी इस मीटिंग में विशेष आमंत्रित थे। मैं भी उस मीटिंग में गयी। मीटिंग के बाद लौट रही थी तो आनंद भारती गेट पर मिल गया। अभी हम हैलो कर ही रहे थे कि भगवान दास अंकल हमारे पास से गुजरे। मुझे आनंद के साथ देखकर मुस्कराये और बोले, आई थिंक यू आर गोइंग रोंग साइड... इससे पहले मुझे कुछ समझ आता... वो मुस्कराते हुए निकल गये। उस दिन आनंद राजधानी एन्क्लेव में मेरे साथ आया। दविन्द्र के साथ हमने खाना खाया। थोड़ी देर बाद एकांत पाकर उसने मुझसे पूछा क्या तुम मुझसे शादी करोगी? मुझे ऐसा लगा जैसे कोई मुझसे पूछ रहा हो, क्या साथ में चाय पियोगी? मैंने कहा, हां।

एक लंबा सन्नाटा छा गया। जैसे दो भटकते लोगों को कोई ठौर चाहिए था, जैसे उन्हें भरी बरसात में सिर छुपाने के लिए कोई खोखा मिल गया हो। आनंद ने मेरा हाथ अपने हाथ में लेते हुए कहा। हम जल्दी ही कोर्ट में शादी कर लेंगे। मैंने कहा मैं पहले कल अपने घर जाकर बताऊंगी फिर इस विषय पर बात करेंगे। वह थोड़ा झिझका फिर उसने पूछा, क्या तुम्हारे भाई-पिताजी मान जायेंगे? मेरी जाति उन्हें पता है न?

हां। उन्हें पता है। जाति-पांति क्या होती है? हम दोनों दलित ही हैं न? क्या वाल्मीकि, क्या जाटव?

ठीक है, तू पक्की रहना। बातें करते-करते 2 बज गये। उसने कहा, हम बच्चे पैदा नहीं करेंगे बच्चा गोद ले लेंगे.... वर्ल्ड ट्यूर करेंगे.... मैग्जीन निकालेंगे... पार्टी का काम करेंगे। तुम भी पार्टी में महिलाओं के लिए काम करना...आदि। सुबह चार बजे अचानक दविन्दर आयी और बोली, 'रजनी सो जा, सुबह आफिस में काम नहीं कर पायेगी।

आनंद ने मुझे टोकते हुए कहा, बताओ दविन्द्र को हमने क्या फैसला लिया है?

दविन्द्र ने हंसते हुए कहा, आनंद ने शादी का प्रस्ताव तो नहीं रख दिया। मैंने दविन्द्र की तरफ देखते हुए कहा, हां...।

दवि ने हंसते हुए कहा। ''मुझे तो आज पहले ही महसूस हो गया था कि दाल में कुछ काला है। चलो अच्छा हुआ। उत्साह में हंसते हुए उसने कहा, अब तो मिठाई बनती है। रुको मैं लेकर आती हूं। दवि ने फ्रिज से बरफी निकाली खुद खायी और हम दोनों की तरफ डिब्बा बढ़ा दिया। आनंद ने कहा, अब तो चाय भी पीनी चाहिए। वैसे भी सुबह होने को है। आनंद स्वयं चाय बनाने गया। दवी ने मुझसे पूछा कि तुम फैसला दबाव में तो नहीं ले रही हो?

मन के अंदर बोझ था। दिल पर पत्थर रखकर घर से निकली थी, मैं समझ रही थी यह समस्या हल हो गई। मैंने कहा वो मुझे पसंद करता है मैंने हां कह दी है।

तू उसे पसंद करती है न? तब तक आनंद चाय उठाये कमरे में पहुंच गया।

चाय की चुस्कियों में मैंने अपने गुस्से को पी लिया।

सुबह दोनों अपनी-अपनी दिशाओं की ओर बढ़ गये। मैं अपने घर गयी और भाईजी को बताया कि मैंने शादी का फैसला कर लिया, मैं आनंद से शादी करूंगी।

भाईजी जाति को लेकर झुंझलाहट में थे। लेकिन मनोहर के समझाने पर मान गये। मैंने कहा कि मैं दहेज नहीं लूंगी। मेरी हां में हां मिलाकर भी भाई जी ने कर्ज लेकर 2 नवम्बर 1986 को बौद्ध तरीके की मेरी शादी में मुझे तीन तोला सोना, कपड़े, बर्तन सब दिये।

हमारी शादी में हमारे मित्र, सामाजिक कार्यकर्ता, कामरेड मित्र, स्त्रीवादी सखियां और आनंद के रिश्तेदार, दोस्त व पास-पड़ोस के सभी लोग शामिल हुए।

हमारी मां भी अचानक ठीक सी हो गयी थी। शादी के समय बहन-भाई खुश थे, उत्साहित थे। मनोहर और भाईजी सब व्यवस्था में लगे हुए थे। अंतिम समय पर भी कृष्णा भाभी का कोई सहयोग नहीं था। बारात घर के पास पहुंच गयी थी परन्तु मेरा मेकअप करने वाला कोई नहीं था। मेरी सहेली बीना मजूमदार आयी तो उसने देखा मेरे हाथ में चूड़ियां भी नहीं हैं। वो मुझे रिक्शे में बैठा कर बाजार में चूड़ियां पहना कर लायी और छोटी बहन अनीता की सहेली 'अमिता कश्यप' ने मेरा मेकअप किया। बारात आ चुकी थी। उनके सामने ही मैं बाजार

से घर में घुसी। अपने मायके से जाते हुए मैंने सोचा मैं अपनी ससुराल में सबसे मिल कर रहूंगी।

अपने घर की देहरी को लांघकर मैंने हृदय से आनंद के परिवार को अपना लिया। मैं अपने साथ लेकर गयी थी अपना अपनापन, अपनी मेहनत, अपना प्यार, अपने विचार, समाज के प्रति अपनी प्रतिबद्धता और साथ में बैरन खून में समायी मेरी स्त्री-पुरुष समानता की सोच।

दो प्राणी समाज परिवर्तन के वाहक कई परम्पराओं को तोड़कर एक नये ढांचे की डोर में बंध गये। प्रेम की वो डोर... विश्वास की वो डोर... जो सभी ढांचों को लचीला कर दे, ऐसी डोर के साथ हम दोनों बंध गये। सुबह का उगता सूरज हमारा था... या हम अंधेरे की ओर बढ़ रहे थे इसका इल्म मुझे नहीं था....।

❑❑❑